亚洲中心的脉搏：乌鲁木齐

Wulumuqi

陈 漠著

中国青年出版社

（京）新登字083号

图书在版编目（CIP）数据

亚洲中心的脉搏：乌鲁木齐/陈漠著. －北京：中国青年出版社，2008
(英雄中国大型系列丛书)
ISBN 978-7-5006-8452-7

Ⅰ.亚… Ⅱ.陈… Ⅲ.社会主义建设－成就－乌鲁木齐市Ⅳ.D619.451

中国版本图书馆CIP数据核字(2008)第145196号

作　　者：陈　漠
总 策 划：张景岩
总 编 辑：续文利
责任编辑：刘　佳　邱华栋
图片摄影：陈　漠　宋　君
装帧设计：瞿中华
出版发行：中国青年出版社
社　　址：北京东四十二条21号
邮　　编：100708
网　　址：www.cyp.com.cn
营销中心：010-84039659
编辑电话：010-64179537
印　　刷：北京方嘉彩色印刷有限责任公司
经　　销：新华书店
规　　格：700 × 1000　1/16
印　　张：16.25
字　　数：272千字
初　　版：2008年9月北京第1版
印　　次：2008年9月北京第1次印刷
定　　价：68.00元

“英雄中国”大型系列丛书
出 版 说 明

一九七八年，中国共产党召开具有重大历史意义的十一届三中全会，开启了改革开放的历史新时期。从那时起，中国人民开始告别贫穷，告别羸弱，在“振兴中华”的号角声中，阔步走上富民兴邦的光明大道。胡锦涛总书记在中共十七大报告中，全面深刻地论述了改革开放的伟大历史进程，将改革开放以来我们取得的一切成绩和进步的根本原因归结为：开辟了中国特色社会主义道路，形成了中国特色社会主义理论体系。

为纪念我国实行改革开放政策三十周年，贯彻十七大精神，中国青年出版社策划出版了“英雄中国”大型系列丛书，通过一组城市三十年的发展历程和新旧对比，反映三十年来中国改革开放的伟大实践，总结建设中国特色社会主义的经验，以科学发展观审视三十年来的改革开放道路，为解放思想、建设和谐社会提供经验。

“英雄中国”大型系列丛书的城市选择遵循以下原则：一、经过三十年的改革开放探索和实践，城市面貌发生了翻天覆地的变化，形成了独有的特色和发展模式；二、该城市在改革开放历史中具有典型性和推广意义；三、注意地区平衡和城市发展模式的多样性。整套丛书力求反映中国改革开放在各个层面的影响——从东部沿海改革开放的前沿，到西部民族地区、中部中原崛起的城市、东北和华北的老工业基地，本丛书都有其典型代表。

每本书主要围绕下列内容展开：一、改革开放三十年来的探索和实践历程。改革开放之初城市的社会发展状况，面临的机遇和挑战，以及治市方略（方针、政策、发展方向）的确立。重点描述该市的地区优势（核心竞争力、发展模式）的探索和形成过程，诸如其间发生的标志性事件，所做的重大决策，出现的代表单位或人物。地区优势的形成对社会其他方面的带动。二、城市特色和成就展示。该市特有的自然人文景观：政治、经济、文化、教育、体育、旅游、风土民情等方面的事物、景观、单位、人物、民俗等。

希望这套大型纪实文学丛书能够成为读者了解三十年改革开放伟大成就的媒介，成为一张张风格迥异的城市名片。

中国青年出版社

二〇〇八年八月

谨以此书献给

改革开放三十周年

目 录

1
乌鲁木齐记忆

这个世界上肯定还存在着另一个我——这种想法一直纠缠着我，使我欲罢不能。我想，我可能完了！要是找不到另外一个我的话，我一辈子都可能不会安生。

走在乌鲁木齐街头的人流中，有时我忍不住就想，这么多的人，得花费多少性爱的精力和分娩的痛苦才能形成啊？而这些人当中，哪一个才是真正意义上的另一个我呢？我到底有没有办法一眼认出芸芸众生中的他？

在南门人民剧场或小西门附近的人民电影院看电影的时候，我总是会抽空想到这样一件事：观众席上的哪个人有可能是另外的我？他会不会紧挨着座位坐在我的旁边？这种谵妄式的短暂幻觉往往弄得我心神不宁，看兴皆无，只好中途退场。

更糟糕的在于，每次回家按门铃的时候，我老担心给我开门的不是妻子萨仁，而是一个男人——一个长得跟我一模一样的男人！我实在想象不出此番情形下的我会做出何种反应：进门与其理论，并寻求萨仁的认证，还是转身下楼，落荒而逃？

据我所知，类似的事情在很多人身上都发生过。日本的安部公房就讲过一个题为《闯入者》的故事：陌生人三更半夜来到主人家，并反客为主，霸占了这个家。而真正的主人则被撵出门外，上吊自杀。此外，睡在家里的旅行推销员格里高尔一觉醒来，发现自己变成了一只躺在床上的巨大甲虫；巴基斯坦有一位名叫赫米德·阿赫德尔的大学生，总是弄不明白自己到底是赫米德还是阿赫德尔。当他在学校里爱上一个放荡不羁、善于玩弄男人的女生，而母亲却要他选择另一个文雅贤淑的姑娘时，他竟意外地发现，这两个女孩实质上只是同一个人；捷克作家米兰·昆德拉对此的看法是“没有人会哭”。他说，当很多人全在撒谎的时候，不想撒谎的人为了不撒谎也得撒谎。

有时候照镜子，我会死死地盯住镜子里的人看半天。我想弄清楚这个人到底是现在的我，还是另一个时空中的我。要是我约请这个人走出镜子和我一起散步或看电影会怎样？我像第一次照镜子的猫一样惊喜而惊恐，一连好长时间都会想着镜子内外的这两个貌合神

我知道，在边疆的巨鼎上，需要秘密磨砺与喂养，哦，青色的乌鲁木齐 ——叶舟《青色的乌鲁木齐》

离的人。

我也搞不清楚我是从什么时候，以及从什么地方开始产生这种关于另外一个自己的想法的。总之，我始终都会有意无意地从人群之中寻找我。别人逛街是为了模仿、欣赏或嘲笑别人，而我则为了遍寻及提防另一个我。是的，我渴望那个我出现，以便与他相识或交谈——酣畅淋漓地倾诉我生命中的幸与不幸，尽可能地寻求应得的生活安慰。但同时我又对此深怀焦虑。我怕他真的突然出现了，会打碎我全部的宁静，进而使我无所适从，无疾而终。

每当我把自己的想法说给萨仁的时候，她总会停住手中的活计，傻傻地望我一会儿。要么快步跑过来，一边用冰凉的手指摸我的额头，一边说："嘎罕，我的嘎罕！来，让我看你发烧了没有？"要么双脚跳起来，在原地转一个圈之后说："完啦，完啦，我的布和脑子里头进水啦！"

嘎罕是蒙古语中猪的意思。我当然知道萨仁不想老是听我说胡话。但我也不想自己生活中连个说胡话的地方都没有。所以，一看妻子着急了，我往往也会说上一句打圆场的话："你得容许我胡思乱想一下嘛！再说，这世界肯定还有很多不为我们所知的事情存在，对吧？它们神秘又强大得让我们不知道如何是好！"

萨仁是蒙古族吐尔扈特部落的女孩。聪慧善良，喜欢唱歌和跳舞，夏天随我到伊犁那拉提草原养蜂。冬天，我回乌鲁木齐打工度日，她则在乌鲁木齐莱顿健身馆做瑜伽师。持续的体育锻炼活动使她拥有足以迷倒所有男人的魔幻身材。

一次，在红山游泳馆游泳时，正要入水的我突然极度恐惧起来。我感到胸闷气短，心跳加速。我害怕就在入水的瞬间，另一个我猛地钻出水面，一下子把我抱住，令我不知所措！就在我转身往回走时，走出女更衣室的萨仁正好拦住了我。她说："水温正好，水也不会太深……"见我连连摇头，她立刻就明白我担心的是什么了。于是默默地跟我转身换衣服回家。

事实上，我很希望她继续留下来游泳。但我却什么都没说。我知道我一说，她准会这么回答："你都不游了，我在这里还有啥意思！"

我以为我会在这种关于另一个我的探寻与惊恐中过一辈子。以为会这么无休无止地期盼和否定，再期盼再否定。以为这就是我的生活是我的命了。岂料有一天，我真的见到了一个长得和我一模一样的人。我见到了另一个我——那个缘于心底的深度梦想。

10多年过去了，直到今天，我仍清楚地记得第一次见到这个人时的情景。其清晰程度简直就跟昨天发生的事情一样。

那天下午，我照例给《天山日报》送蜂蜜。电梯门朝两侧打开的瞬间，人们像大梦方

拐过街角，一脚陷进鼓乐齐鸣的沼泽，水果和烤肉，焦黄的香馕，异族语调的叫嚷蜂拥在阿迪力商场，二道桥从行人头顶轧过，夕阳照在大巴扎圆顶的寂寞上 ——蓝蓝《在大巴扎》

醒似的抬起头，在望向门外的同时蜂拥而出。猛然间，我看到了人群中的那个我。

这个人穿一件藏蓝色圆领套头衫，蓝色牛仔裤，留偏分头发，目光中含有淡淡的忧郁，手拿一个黑色皮包。就在我看见他的同时，他也看见了我。我们几乎同时怔住了。有那么一会儿，时间似乎停止了。我们半张着嘴，惊奇地对望着。然而，他很快被身后的人流推拥着朝楼门口走去。我手里拎着装有50公斤优质蜂蜜的蛇皮袋子，惊诧地望着这个正要出大门的人的背影。

肯定有一场精彩绝伦的演出就要开始了！上场前，两位长辫子的维吾尔族古丽正在仔细检查对方的装扮效果

我真的找到了我一直想见到的另一个我吗？这个陌生人到底和我有什么隐秘联系？他在这个楼里的哪个单位上班呢？我是否还有机会再见到他？我快速思考着这一系列问题。我发现他快走到门口时，也停住脚步，侧身朝我又看了一眼，接着就快速推开旋转大门，走了出去。

“你进来吗？”急于上楼的人用一根手指按住电梯按钮，不耐烦地盯着我问道。我赶紧拎着蜂蜜挤进电梯，门立刻合拢了。我突然间忘记了该上哪一层。随口说了声11楼，电梯开始上升。

唢呐吹起来，欢喜的日子已经到啦

这50公斤蜂蜜是如何分发给《天山日报》职工的？我全忘了。只记得我恍恍惚惚回家后，倒头便睡。我实在搞不清突然碰到了我深切期待着的一个人后，我到底该怎么办？我到底有没

有必要去打听并结识这个人！总之，这个人就是那个我。不光长得像我，我发现他的气质、表情、走路姿势和摆臂动作等都像我。他出楼门的时候，我感觉仿佛正是我在出门。

当然，说实话，对于另外一个像我的人，我更多的感觉还是恐惧。我认为我无法承受这种过于强大的真实。我不敢也无法面对他，所以我似乎也一直在回避着他。

虽然这么多年来，我始终给《天山日报》等城市单位分送蜂蜜，并且最终也知道了这个像我的人是《天山日报》资深记者，名叫尚青春，但我却从来没有跟他正面打过任何交道，甚至没能说过一句话。我不清楚他是怎么想的，是否也不想正式结识我？但我似乎一直在回避着他。我觉得这样挺好。虽然有时也很想去见他，跟他说说心里话，并且成为生命中真正意义上的好朋友，甚至时不时地为他牵肠挂肚，怕他过得不好，怕他遇到什么灾难。但我还是觉得，不认识也许更好！知道我找到了另一个我——他在这个城市里存活着，他很好，这就够了。我乐于享受这种有距离的亲近，也乐于感受及想象。

可是，这种平静还是被打破了。

昨天上午快下班的时候，我所供职的大手广告公司的总经理徐庄，突然走进我的办公室说："布和，你出来一下。我办公室有人找你。"

徐庄是个沉默寡言而又十分威严的人，曾写作并出版过一部在全国产生广泛影响的长

本图拍自新疆奇台县城与天山之间的过渡地段。这是一个美得出奇的地方。猛一看，你肯定会误以为这是一幅油画作品。当这片一望无际的麦田和远处的树以起伏不定的姿态绵延向前的时候，仿佛整个世界都被成熟的麦香醺醉了！这张照片的拍摄时间是2006年8月7日上午。我愿意将其敬献给当时与我同行，而20多天后突然亡故的西部诗人、我的兄长西岛先生

篇小说《二十四气》。我们一般员工都害怕他，见面时最多说声徐总好，就赶紧像遇见老虎一样躲开他。所以，徐庄这次没打电话，也没让女秘书过来通知，而是亲自到办公室找我，我知道肯定有啥大事情发生了！

“这位老人找你。从内地来的！”徐总指了一下坐在老板桌对面皮革沙发上的一位大娘对我说。

这是一位汉族大娘，年龄约60岁，头发花白，穿紫红色面包服和黑布裤子。看起来似曾相识，但我想不起来究竟在什么地方见过她。

见我进屋，老人站起身子说：“你就是布和？”

我说：“是呀。您找我？”

老人突然双唇抖动起来，并举了举双手想握住我。我本能地往沙发跟前侧了侧身子说：“老人家，请坐！”

老人没有坐下来，过了好半天才用陕西话说了一句：“娃儿呀……我总算找到你了！”

我觉得莫名其妙，赶紧扶老人坐在沙发上。我发现她全身抖动，泪水盈满了眼眶。我感到恐慌。特别是在严厉的徐总面前，我感到无所适从，就看了徐总一眼，又看着老大娘说：“可能误会了，老人家。我不认识您呀！”

这时，徐总插话说：“这位大娘从陕西来新疆找她的一对双胞胎儿子。二儿子是《天山日报》记者尚青春，上个月出车祸去世了。她说你是她的大儿子尚金牛，所以一定要见到你。这样吧，快下班了，你们在我办公室谈吧，我去吃个午饭。”

我觉得在老总办公室里说这种没名堂的事不妥，同时也想赶紧摆脱这位陌生人，就趁机说：“老人家，我们总经理要下班了。这样吧，我们找个地方说话吧！”

“下班？哦，好好好……”老人用手背抹了一把眼泪，惶恐地应道。她赶紧拎起沙发上的包袱，朝徐总点头强笑一下，往门外走去。

一出办公大楼的门，老人家转过身，一把抓住我的袖子说：“你叫金牛，对不对？你不叫布和。你是汉族人！你是我的亲儿子呀！”

太奇怪了！我明明是蒙古族人，我的蒙古族父母有名有姓，而且现在活得好好的，怎么突然会冒出一个汉族母亲呢？这个人是不是脑子有问题呀！于是，我推开她的手说：“我不是。我不叫什么牛。我是蒙古族。您……”

“不对。娃呀，我的娃呀！我找了你三十多年呀！你和你弟弟春娃子都是我的娃。你爸叫尚兴福，是中学老师。老家闹“文革”，整得他活不成，我们就偷偷扒拉煤的火车往新疆逃。半道上他被红卫兵抓回去继续批斗。我生了你和你弟弟春娃子后，没奶水喂，眼看要饿死了，只好把你们送给了一起逃荒的人。你是在蒙古人家里长大的。你叫尚金牛，

鼓乐齐鸣的时刻，维吾尔族女孩们的红色长裙眼看着就要旋风一样旋转起来了

弟弟叫尚青春。他……他出车祸没了！你爸一年前得食道癌过去了！娃儿呀……”老人一边发抖，一边不停地说，泪水浸湿了整个脸庞。

她把包袱挂在胳膊上，两手紧紧抓住我的一只袖子，好像害怕我转眼间化掉似的。

这时，出门吃午饭的同事们陆续走出大楼。被这样一位衣衫褴褛的陌生老太婆拽着衣服站在大门口，哭哭啼啼地说个不停，我感到极没面子，别人还以为我干了啥坏事呢！更何况，一些好事的人已经围过来探听究竟了。我感到心烦意乱，脸烧得像得了重感冒，就猛地甩开老人的手说：“再别说了。你认错人了！我不是你儿子。”

见我如此对待他，老人家哇地一声大哭起来。

这时，一直躲在楼外墙角下的一个女孩儿跑过来，扶住失声痛哭的大娘说：“妈，不认算了。我们走！”

老人边往前走边用右手的食指指着女孩儿扭头对我说：“你……妹子呀！”

老人哭诉着远去了。过了很久，我耳朵里一直回响着她的哭声：“老天爷，我造得什么孽呀！老得老，死得死……没死的娃儿连他妈都不认了哇！”

过了几天，徐庄总经理把我叫到办公室说：“那位老人的女儿又来过了，还让我把这个塑料袋里的两样东西转交给你。一个是你出生时围的抱袱子（棉披风），另一个是你弟尚青春这些年的见报稿件剪贴本。你妹妹让我转告你，让你好好工作，好好生活，他们回陕西了。”

A．亚洲中心的游魂

我是亡灵。我死去7年了。我每天在亚洲大陆地理中心游荡。活着时守护这里，死了依然守护这里。

我——吴廷德——大家都这样叫我。这是我背负了一生的符号。有时候我都感到奇怪：为什么我要叫这个名字，而不是其他的呢？5000个汉字里，为啥偏偏这三个字适合我，并且要跟随我一生呢？我甚至搞不清这三个汉字跟我走，还是我一直跟着它们走！反正我和它们形影不离。我是它们的一部分，它们也完全成为我。它们是我的血肉，甚至生命。甚至强于生命——比如现在。我阳世的生命已断裂了7年，而它们仍一刻不停地跟着我。吴老汉。吴大爷。吴廷德。现在还活着和没有活着的人都这么叫我。你说名字这东西多厉害！它可以大于生命，大于我。

当然，能够叫响并擦亮我这个名字的人，第一个应当算尚青春。他是个记者，又不仅仅是记者。他同时是个思想家和观察家，是穷人们真正意义上的同志。就我本人来说，他是我的哥儿们。因为，没有他的倾力介绍和帮助，吴廷德这个名字不会有几个人知道。即使是此刻，我依然要通过他来说话。尚记者，你是积够了阴德的人。你到我这里来的时候，肯定能脱生成一只大狮子。至少也能脱生成一个乡长当当——乡长是我活了一辈子所见过的最大的官呀！

包家槽子的人都说，一个人的命运是娘胎里带来的，是前世就注定的。这话一点也不假！我的命就是这么硬，早早地就把寿路和活法都定住了！40多年前，背着老母亲从甘肃古浪逃荒，来到乌鲁木齐县永丰乡包家槽子村。1970年老伴去世，我回甘肃老家又找了个老婆，名叫杨万兰——这是命吧！全村人都是从内地来的移民，总共有36户人家，其中李姓人家占了一半。由于第一户迁移此地的人姓包，所以村子就叫包家槽子——这也是命呀！包家姓包揽了全村所有人的姓氏命运。无论你再姓吴姓李姓王都没用！

最重要的命运被1992年给确定了。你说东经87° 19′ 52″、北纬经43° 40′ 37″算什么东西？可这些数字却奇怪地与我们村子有关！它是包家槽子的地理坐标，是亚洲大陆的地理中心。美国人这么说，中国人这么说，全亚洲人都这么说。

你说说，乌鲁木齐人的命有多大呀！全亚洲有49个国家和地区吧？怎么它的中心点偏偏就落在你这里呢？而这么重要的地方，那个核心点怎么离我家门口只有150米？你说我们的前世是怎样修行的，让我一住就住进了这样一个要害位置？我要是力气大的话，从这个地方上手，把整个亚洲举到头顶上，哪边都不会偏离！碰到神仙过来，从中心点上打个洞，穿根杠子进去，就能把亚洲挂在肩膀上扛着到处走啦！

经过世界上最先进的彭纳投影法测定，亚洲大陆地理中心位于乌鲁木齐县永丰乡包家槽子村。这里距乌鲁木齐市城区约30千米。有人正在酝酿筹建乌鲁木齐亚洲联合国大厦及亚心国际公园

那时候我还年轻呀，容易冲动。我是真正被亚洲中心打动过的人！这么说你可能不懂。

开始的时候，看到外地人来这里测量呀、记录呀什么的，村里人都说，我家门口不是有了金子就是发现了石油。但这些都对我影响不大。当亚洲大陆地理中心的木牌牌立起来后，我第一次抚摸这个牌牌的时候，我发现自己不小心都弄湿了裤裆。这是一种从未有过的快感体验啊！要知道，这可不是一般的地方，也不是一般人轻易可以摸得着的！亚洲中心——亚洲的心脏呀！我一伸手就摸到了亚洲的心脏呀！就等于把整个亚洲都给摸了一遍嘛，该摸的不该摸的都摸了。我感到了一种极端的新奇与刺激，身体一下子就硬起来。就跟梦里的事情一样，在没怎么注意的情况下，就喷薄而出了！其实，我也说不清到底是怎么回事。可能跟女孩子兴奋到极致或笑过头的时候就小便一样吧！反正这是一件让人极难为情的事情。所以，我自始至终都对这个地方深怀特殊的感情。我不知道，后来从世界各地前来触摸高达14米的亚心标致塔下那个直指亚洲核心点的铜制圆锥的人中，有多少和我一样发生过类似的新奇的经历？也不知道他们是否跟人说起过这件事，以及怎样看待自己的经历？反正我是忘不了这种经历啦！后来，当乌鲁木齐市人民政府正式委派我当"亚心"建筑设施的责任看护员的时候，我一口答应了。连续多年，我一边放羊，一边擦拭木牌牌、修补木牌牌、加固木牌牌，有荒草长出来时，我会及时将其拔掉。我的生命似

离乌鲁木齐市最近的一段天山被称为天格尔山，此处海拔4000米以上的高峰有27座。千百万年来，散落在这里的77条巨大冰川日夜滋养着乌鲁木齐绿洲上的一切生命。图为长约2400米的一号冰川——距乌鲁木齐市直线距离120千米

乎再也离不开这块木牌牌了。

至于刻石狮子，这是一件再自然不过的事情了。雁过留声，人过留名嘛！人活一辈子，图个啥？无非是让后人记住点东西嘛！肉体生命是极其有限的——满打满算几十年工夫。目前全世界最高寿的人是美国印第安纳州的埃德娜·帕克迎来，也不过是115岁嘛！所以呀，肉体生命是靠不住的。要活就得活精神生命。画家靠一幅画活着，作家靠一本书活着，电影导演通过一部电影存活……我想了想，最厉害的要数雕塑家——靠石头往下活。古罗马和古希腊留到今天的古代文明，我们一眼能看到的都是石头。在中国古代，皇帝对一个人或一个地方的最高褒奖就是刻石记功，千古留存。中国民间也用海不枯石不烂来喻示纯洁的爱情。所以你说说，还有什么能比石头更能恰当地替代我的生命呢？与其说刻狮子，还不如说在刻我自己。我要让我的生命随石头一起，从亚洲的心脏部位走向四面八方。

后来——也就是1993年吧，广州一位来看“亚心”的89岁的老太太的举动坚定了我的想法。她围着木牌牌照了9次相，最后还拣几块石头回去做纪念了。我就想，这石头上啥屎也没刻，你都这么稀罕，要是我随便刻个什么符号，还不知道你会高兴成啥样子呢！于是，我就拣来石头，狗呀猫呀兔呀往上刻，花四五天还能像模像样地磨出一两个小动物出来。多年以后，我一下子刻磨出40多个小动物，上面全写上“亚心”纪念字样。我把

这些东西全部无偿送给了游人。谁喜欢就送谁。只是，这些费神费力打磨出来的东西被人拿走后，我总有一种莫名的难舍，心里空落落的。于是就想，要是刻几个大家伙，谁也拿不走该多好！游人来了，只准照相。照一张还能收一块钱！

包家槽子村在一片戈壁滩上，周围连一块大石头都没有。跑了3个多月，最后从离村子90多公里的天山庙儿沟找到了石头。没钱运，找乡政府，乡长说没钱。乌鲁木齐华瑞大酒店总经理陆长瑞发动员工捐款1500元给我，才圆了我的梦。

1997年，我以每只80元的价格卖掉最后的47只羊，在乡政府租了两间土房专心雕狮子，希望有一天自己不在世了，能有狮子替我守“亚心”。此前没见过狮子，只是在农村社火队前看人舞过彩色狮子。另外，小时候在棺材铺里当学徒时，见师傅在棺材板上绣过草虫鸟兽什么的，其中就有狮子。

我抡起铁锤就干开了。凭感觉雕刻吧！你说它们像狮子也好，像大蛤蟆也好，反正是随着我的真性子弄的。它们是我心目中的杰作，是我吴老汉整出来的，是我整个生命的代表。

刻第四只石狮子的时候，我已经病得不行了。癌呀！胆癌。人们帮我勉强把这只狮子刻成了。2001年6月中旬，我离开了人世。我被埋葬在离亚心标志塔约两公里的地方。

乌鲁木齐乌拉泊轮台古城墙。此城曾是唐代诗人岑参居住时间最长的西域城市。他写道：“轮台东门送君去，去时雪满天山路。山回路转不见君，雪上空留马行处”

井喷了，大地找到了言说自己的时机

现在，我每天都要离开肉体，走出坟墓，在亚心塔上空飞翔。死亡是故去，是消极性，其归宿是陌生的、恐怖的。但死亡又是出发？是积极的和新奇的。佛教中把死亡不叫死，而叫往生。这多厉害，一下子就说出了一种轮回生命的真相。因此，对于现在的我而言，其实一点也不愿意回到日渐腐烂的肉体里去了。我期望出来，期望摆脱一浪紧似一浪的绝望，靠自身的力量寻找归路。白天或夜晚，我在歧路上徘徊，在包家槽子的大小道路上游荡。有时候躲在白杨树上，有时候钻进毛驴的耳朵里或一只棉花团里，更多的时候，我站在高达14米的亚心标志塔顶端的铜针上。雨雪天气，我就藏在人们的棉袄里。我甚至不住地变幻形态，试图进入各种动物体内，以及神志不清的人的神经里。但在任何地方都不能待得太久。在这个现实的物质世界里，我是一名被流放的犯人。我只能在纯粹的精神世界里存活。只能按照自己的方式行走。好在——孩子们能够看见并理解我，公鸡和毛驴也很欢迎我。我藏在乌鲁木齐浓重的大雾里飞行，竭尽全力给人们带来好运气。

站得高就能看得远。现在，站在亚心塔的铜针上，朝东看，我一眼就看到了太平洋的日尼奥夫角，往西看到了欧亚两洲接壤的巴巴角，往南看到了印度洋的皮艾角，往北则看到了北冰洋的切柳斯金角。这是亚心点在亚洲版图上的最远位置呀。东西跨经度154° 17′ 10″。这里的海拔高度1280米，离乌鲁木齐市约30公里。就近处景观来说，亚心塔东望博格达雪峰，与乌鲁木齐市接福成势。西邻头屯河，南靠雄伟天山，北接准噶尔盆地，是一个天赐的风水宝地。

亚心塔坐落在巨大的圆型亚洲中心和平广场的核心。塔身为钢筋混凝泥土构造，黑色花岗岩贴面。塔上代表地球的钢球下端，就是铜制圆锥。锥尖直指地面上的亚心坐标点。塔基中心是微缩的亚洲大陆地图。

那么，你们都来摸一摸这个圆心吧！要像我当年抚摸木牌牌那样摸这里呀！你们要来体会这种来自亚洲大陆核心的神秘力量，并悉心聆听古老大陆的心跳。

在亚心地域住得久了，就能看清许多人看不到的东西。比方说，我看见——亚洲大陆地理中心的发现、确定和开发，就是乌鲁木齐市某种程度上的历史缩影。比方说——风。我发现，亚心只刮南风和东北风，大多数是谷风。再具体一点说，夜里刮南风（山风），白天只刮小北风（谷风）。夏天7~21时转换风向，冬天则9~18时转换风向。每年约有90天为有风天气。风力多为6级以内。比方说，我看到亚洲联合国大厦将在乌鲁木齐修建，亚运会和亚洲足球赛的火炬逐次在亚心塔前燃起，每个人以能抚摸一下亚心塔及汲取其神秘的气息与生命力量而喜极而泣。比方说——花。在这里，我看见日本人种上了樱花、新加坡人种上兰花、印度人种上荷花、伊朗人种上玫瑰、土耳其人种上郁金香、马来西亚人种上扶桑……我看见我的每只重约一吨的石狮子在笑。

这是2006年8月拍于乌鲁木齐市南山的一张照片，亚心标志塔就在离此不远的地方。看到这种绿意盎然的样子，很多人也许会误以为它是中国江南呢

2 蜜蜂或花

活了30多年，突然之间又冒出一对亲生父母，以及一些兄弟姐妹，并且连我的种族都要改变了……这种事，谁碰到都会受不了。我决定提前返回那拉提草原养蜂去。

萨仁对这件事则看得比较平淡。她开玩笑说："哇塞，原来我还有一个汉族老公呀！"

她挽起右手的袖子，用右手食指指着我的鼻子尖，从客厅追到卧室，并骑在我身上说："怪不得你这个嘎罕这么聪明——你有两个爹妈呀！以后可要对我好一点！"。

我说："别闹了，萨仁。这件事先不要跟爸妈说哦！我怕他们接受不了，也怕失去他们的爱。"

萨仁说："别太一厢情愿了。也许他们一开始就知道这件事。是他们做得不对。他们隐瞒了你的真实身分，隐瞒——说得不好听叫欺骗了——几十年！他们……"

"别说了！"我打断萨仁说："我不希望你说得这么难听。以前的事我说不清。但我不想有任何改变。我还是蒙古族男人，是蒙古族父母的亲生儿子，是你萨仁的蒙古族丈夫。换句话说，即使我真的是父母收养的汉族人，那我也不想让我们的蒙古族父母知道我已经知道了这件事。我不想让他们担心会失去我！萨仁，你答应我，就假装什么事都没发生，让一切都还是以前的样子，好吗？"

萨仁说："答应你，我的嘎罕老公！"

我深深地拥吻了萨仁，以表示对她的理解与支持的感激。随后我说："我想今年早点去蜂场，你想去吗？"

萨仁高兴得在我的怀里蹦了起来。

我去大手广告公司请假。徐庄总经理很理解我，希望我早点回来。萨仁也暂时辞去瑜伽师的工作，决定随我去伊犁。晚上去父母家辞行时，父亲把床下的狼皮褥子抽出来卷上，母亲赶紧找来一根麻绳绑住。

父亲说："布和，草原上冷，潮气也大，你们铺上狼皮吧！这褥子是你爷传给我的，

现在，法国普罗旺斯的薰衣草已引种到伊犁和乌鲁木齐市郊区。蓝紫色花海随风翻滚，如同延展于大地的一个梦。有人说，这种色泽不是临摹了普罗旺斯天空的蓝，就是取自地中海海水的蓝

我都铺了一辈子了！再说，乌鲁木齐的冬天，屋子里有暖气，用不上。”

每年回乌鲁木齐过冬的时候，我都准备好白糖，把蜂箱移放到蜂场的王瑞林、王茂林兄弟家，请他们代为照管。开春到那拉提后，只需将其搬放至蜜源地即可。

搬动蜂箱的时候，一些受到惊扰的蜜蜂纷纷飞出门外看个究竟。有几只甚至悬停在我面前，满腹狐疑地盯着我的脸，似乎在问我：“布和，春天到了吧？今年，你要把我们弄到啥地方去？”

澳大利亚人说，蜜蜂可以分辨出人脸的差异。我对此深信不疑。我甚至认为，我的所有蜜蜂都认识我。小家伙们三角形的头颅上，有一对发达的总数约500万只的复眼和3个单眼，因而具有奇迹般的辨别能力和记忆力。看你一眼，就能把你记住一辈子。

春暖花开时节，几乎一夜之间，蜜蜂们全都苏醒了。我怀疑它们是不是听到了某种神秘的大地唿哨。也正是这声唿哨，同时唤醒了百花，以及百花全部的秘密与活力。

在我周围，在田野、草原上及塔松的下方，油菜花、蒲公英、紫地丁、紫罗兰、雏菊等争相怒放起来，空气被蒸熏得一片芬芳。我和蜜蜂——我们都是寻找大地花朵的人，时间和香是我们的方向。

法国的加·巴什拉说：“花，一切花朵都是火苗——想要变成光的火苗。火开花，花发光。”

面对花的世界我们处于一种精疲力竭的想象状态。我们几乎不知道，我们将如何把这些花作为美的世界——不断繁殖美的存在的世界——的见证者，迎接到它们存在的深

处。然而，每种花都是火，都有它自己的光。每种花都是一缕曙光呀！那些天生的遐想者，那些诗意饱满的人，面对芬芳的大地之香，他们能从每个花朵中看到天空的颜色和天使的颜色。我的蜜蜂们也能看到。它们是通灵者。它们寻找光，也携带光。它们把光芒收集到家里。

你们看呀！我和萨仁已在北面支好帐篷。我们把蜂箱摆放在几行橡树和白杨树下面。尽量使巢门朝南，以便蜜蜂们出入方便。此前，我已仔细勘察了这里的地形、气候、水源、蜜源和风向，并对蜜源植物的种类、数量、花期、泌蜜规律及供蜜总量情况进行了仔细研究。我知道我在此地的放蜂时间。我对我的蜜蜂比对我自己更了解。

萨仁喜欢清晨睡懒觉。愈是天快亮的时候，她似乎睡得愈香。上趟厕所之后，她就睡得更美了。她的口头禅是："千金难买一个回笼觉！"有时也嘟囔说："美人都是睡出来的！"我亲吻脸颊向她道早安时，她总会伸出双臂搂住我的脖子让我陪她再睡一会儿。我知道她在耍赖及撒娇。只要我说几句甜言蜜语哄一哄，她很快就会松开双臂。

我是光明的随从。我要去看望我的蜜蜂和花。我得向它们请安，并同它们一道开始一天的工作啦！

阳光带着婴儿般的纯洁气息和麦子的色泽照耀过来。我站在蜂箱间伸了一个懒腰，开始观察我的蜂。寻找蜜源的蜂还没回来，工蜂就围着各自的蜂箱不停飞舞。一些幼蜂怯生生地从蜂巢向外直线飞行，飞到10～30米时，赶紧调头——沿着来路往回飞。显然，它

乌鲁木齐市南山蜂场。它只是新疆大地上繁星一般的养蜂场中的一个

们正在练习飞行。它们害怕飞得太远，自己就找不着回家的路了。

不一会儿，探寻蜜源的侦察蜂陆续回来了。它们说话的方式就是跳舞。如果朝太阳方向飞能采到蜜，它们就头朝太阳跳8字形摆尾舞。如果背对太阳飞能采到蜜，它们就头朝地面跳8字形舞。如果在蜂箱周围50米范围内发现蜜源，它们就跳圆圈舞。距离越远，舞蹈的圈数越多。总之，几十米、几百米和几千米距离内，都有其固定的圈数。闻讯前往蜜源地采回蜜的蜜蜂们，也在自己的蜂箱周围跳起了8字舞或圆圈舞，既向同伴发布花朵信息，又进行持续的采蜜动员。这个规律是奥地利动物学家卡尔·冯·弗里希1943年发现的。他因此获得1973年的诺贝尔奖。

那么，蜜蜂是否会迷路呢？一般来说不会。

太阳是它们最信任的老师及导航员。即使阴天，蜜蜂们也能靠一点微弱的偏光感知太阳，并准确飞回蜂巢。此外，每只蜜蜂腹部有一种嗅腺。飞行时，蜜蜂收缩腹部，嗅腺就分泌出香气撒落在空气之中。当数不清的蜜蜂往来飞行于这一相对固定的空中通道上时，很快就在蜜源地和蜂巢之间形成一条宽阔的香气走廊。如此这般，再调皮的蜜蜂也不会迷路了。

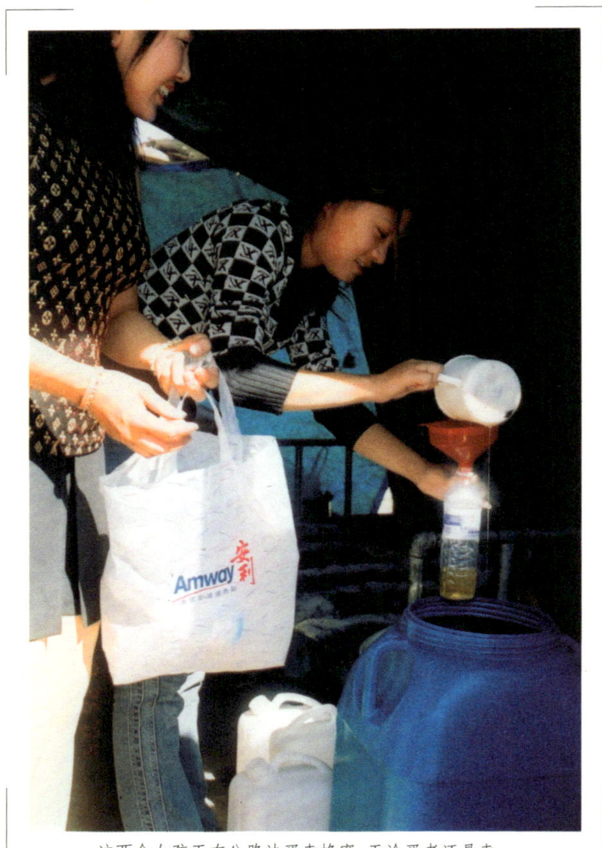

这两个女孩正在公路边买卖蜂蜜。无论买者还是卖者，她们脸上都写满了笑意

我的经验是，蜜蜂定向飞行的高度越高，它们出去采蜜的路程就越远。要是低空飞出去采蜜，肯定附近就有遍地盛开的花朵。所以，我只需看一眼就知道它们此行的远近了。

一般来说，每只蜜蜂大约要采集1000朵鲜花，才能装满自己的嗉囊。嗉囊装满后运回家卸空，立即又去采新的花粉。酿造一公斤蜂蜜，大约需要6万只蜜蜂忙活一整天才行。

每天早上，萨仁起床练完瑜伽后，就哼唱着小曲到对面花坡上采一大把野花回来。有时候也编一只带露水的花环戴在头上。她最喜欢蹦蹦跳跳地在满山遍野哼唱的儿歌有两首。一首是："小蜜蜂，整天忙——采花蜜，酿蜜糖。"另一首是："小蜜蜂，嗡嗡嗡，飞到西来飞到东……"

至于我，除了坐在帐蓬门口翻看据说是我的汉族弟弟尚青春的剪贴本，以及在蜂箱间不停忙乎之外，最大的享受就是听蜜蜂们嗡嗡嗡地飞出飞进了。这种声音是每只蜜蜂以每分钟1.14万次的频率扇动翅膀发出来的。这是天籁之音啊，是一曲天地之间的生命大交响。倾听这种声音，看着它们健康又轻盈地不停忙碌，我感到自己的身体也充满了生机与活力。觉得，能够以一个养蜂人的方式在这个世界上活着，真是一件让人深感欣慰的事情。

蜜蜂的世界是典型的母系氏族社会，由母蜂统领一切。一窝蜂里只能有一只可以生儿育女的母蜂。它就是我们习惯上所说的个头巨大的蜂王。据说，此事最早是被荷兰科学家杰恩·斯瓦姆默丹1660年发现的——他解剖蜂巢里最大的那只蜜蜂时，在其体内发现了卵巢。

我的蜜蜂每箱约有2~5万只。除蜂王外，有近千只雄蜂，其余则全是工蜂。蜂王专门生育。雄蜂一生唯一能干的事就是同蜂王交配。交配过后，它的肚子破裂而死。工蜂是生殖器官发育不完全的母蜂，没有生殖能力。但所有的活儿乎都是它们干的——采花粉、采花蜜、酿蜜、饲喂幼虫和蜂王及雄蜂，并承担筑巢、清洁蜂房、调节巢内温度湿度、抵御敌害、侦察蜜源等工作。受到侵害时，它们会奋不顾身地冲上去，用尾部的毒针蜇人。毒针刺入人体时，其倒钩挂在人的皮肤上，无法拔出。蜜蜂的内脏因此被带出，当即死亡。

我自以为已经十分了解蜜蜂的生活习性与规律了。但这种惊人的生命现象还是令我十分困惑。比如，就个体生命而言，每个生命都是一次性的，蜜蜂们不可能不知道这一点。它们当然也知道自己出击的代价！然而，当部族或个人遇到危险的时候，它们每个人都毫不犹豫地挺身而出，朝敌人打出那要命的一针。此外，是什么意识催醒了刚被孵化出来的蜂王，促使它想都不用想，就迅速把同一巢穴中的其他所有孵化好和尚未孵化好的蜂王斩尽杀绝？比如，蜂蜜到底是一种物质还是一种精神？放在任何地方，它们何以永远不会变质？比如，每只雄蜂与蜂王交配过后，为什么要肚子破裂而亡，且无一例外？难道不死不行吗？比如，女蜂王是用啥办法计算它体内的精子数量的？它总是不停地和雄蜂交配，直到从长相各异的雄蜂那里捕获到7000万个精子为止。它怎么会知道，这么多的精子数量一定够它使用一辈子呢？大自然中的秘密谁能完全弄明白呀！

"哎，蜂子。快来收蜂子，布和！这里有一大窝蜂子。"躺在一棵老榆树下看书的萨仁突然大声喊叫起来。

"你看着它们，别让它们跑了，我马上就来。"我一边往长竹竿上绑草帽，一边说。

不知道什么原因，它们突然又嗡的一声飞走了。“完了，布和，飞了，它们往西飞了。你快点来嘛！”萨仁追着这窝黑压压的蜂群，朝西跑去。

几番奔跑后，我们在西边的另一棵榆树的枝桠下面，看到了这个新分家后还一时找不到去处的椭圆形群体。我让萨仁用红外套罩住她穿着的黑色T恤衫，并嚼块口香糖遮掩我口中的酒味和葱蒜气味——蜜蜂不喜欢这种难闻的气味。接着，就把竹竿另一头的草帽悄悄朝树枝下这个不停蠕动着的蜂团伸过去。由于我已在草帽里涂抹了一层蜂蜜，蜜蜂们闻香而至，整体迁移到草帽里。我让萨仁撑开一个蛇皮口袋，把草帽和蜂团一齐收入囊中。我心里清楚，只要蜂王在里面，这里所有工蜂和雄蜂都会跟着走。

我搞不清楚这窝蜂是从我的蜂群里分家出来的，还是别人家的。反正添了一箱新蜂，心里很愉快。我和萨仁扛着竹竿拎着袋子，哼唱着歌曲从山坡上走回来。我给这窝蜂腾出一个新蜂箱，并在箱内放些供它们食用的糖水，堵住出入孔，让它们适应这个新家。几天之后，它们就开始在箱内的10个蜂巢板上筑巢了。

春暖花开时节，这其实是我最繁忙的工作之一——给蜜蜂分家。我不给它们分，它们就自己分。而自己分家后，一时无处栖居的一群就有可能飞到别的地方去寻找生活的地方了！新的蜂王总是很清楚自己带多少蜂走，以及知道带谁走和不带谁走。蜂一旦离开，就再也进不了原来的家门了。冒失一些的蜂想回去看看，也会遭到严厉拒绝。我常看到一对对蜜蜂抱在一起，在地上翻来滚去地扭打，直到最后同归于尽。

伟大的天山就在身旁——这使油菜花们怒放得更加踏实和灿烂

这是蒙古人建造在敖包上的一种图腾标志。当太阳、月亮、箭、车轮、烈火等意象物被两根红色木桩高高托起的时候，某种神秘而崇高的敬仰油然而生。可以说，它就是草原的灵魂

我来自乌鲁木齐。我是养蜂人。直到今天，我还无法洞悉蜜蜂世界的黑暗法则——那种来自隐秘世界、来自未知力量的一系列最高指令及其传达途径。我甚至也无法像任意一只普通蜜蜂那样，采集并制作哪怕一嗉囊花蜜。但我却熟悉它们，热爱并敬重它们。一听到它们快活又健康地嗡嗡嗡地飞翔，我就觉得我自己也在飞翔。我被它们清新生动的声音激发得青春无边，恨不得自己也变成一只小蜜蜂，变成一个只能活一个月的特殊生命。

我热爱它们。我肯定热爱它们——这些勤劳的处女，以及它们圣洁而高贵的心。它们单纯的生活样式和清洁的飞翔一次又一次感染了我。它们在鲜花丛中的呼吸、它们醉人的芳香、它们亲手营造出来的质朴的甜蜜、它们干干净净的精神环境、它们的生活秘密……这一切都如此深沉有力地吸引着我，也一遍遍点燃着我，使我着了魔似的跟随它们，并心甘情愿地跟它们一起生活——一跟就是几十年。我感到自己是如此的孤独，但又是如此的幸福。我希望这样的好日子再多一些，生命的皮鞭能伸长得更远一些，我与大地之间的古老关系能够再亲密一些！

奈保尔说："我们现在对大地和宇宙的敬畏，需要在以后，以另外的方式重被发现。"

我认为他说得对。

萨仁在蝶飞蜂舞的野花丛中跑来跑去。

我听到她又在唱那首儿歌："小蜜蜂，嗡嗡嗡，飞到西来飞到东。"

她是我的妻子，但更多的时候却更像是我的女儿。

B. 姜永彦的寻宝生活

我是个有追求有梦想的人。我矢志不渝的志向是成为一位出色的作家。我幻想着有一天能说出自己真正想说的话，让汉字呈现出璀璨的光芒。具体来说，我希望自己能够写出那种惊天动地、死去活来的爱情故事，那种能够体现底层人物生存冷暖与深度悲悯感的伟大小说，那种把严肃与荒诞、悲剧与喜剧、生活中的琐屑庸俗与美丽伟大恰当交融的《唐吉诃德》式的作品，那种生命的疼痛与崇高、多种宗教文化与理想、大海与沙漠交相辉映的中亚抒情，以及那种醉酒者、恋爱者与精神病患者们出神入化般的精神漫游或灵魂出窍时刻。我希望写出我的爱与哀伤，写出生命的秘密与痛——写出一部大书。

然而，到现在为止，我依然只能写一些报用文章。成天写本报讯之类的小豆腐块文字，说一些言不由衷的谎话或大白话。我知道，这些话既不是我自己的话，也不是别人的话，我甚至不知道这是一些谁说过的话。但我们却必须天天去说，而且成千上万遍地说，变幻各种角度去说。我为自己的角色很难过，有时简直悲伤得想呕吐。但我没有任何别的办法。我无法改变自己的尴尬处境。我常跟人说，为了生存嘛，为了保住个饭碗，我必须去撒谎，去说不痛不痒的废话。我需要工作啊！

我另一个自我安慰的理由是积累素材。我说我这叫体验生活及深入生活。我至少得假装自己是一幅忙碌不息、正义凛然的样子。似乎只有这样，我才能生活得心安理得，无怨无忧。

基于此，我决定走出乌鲁木齐，到城西的玛纳斯县红沙湾看望一位名叫姜永彦的74岁老人。这是一个传奇人物，是我们这个时代的缩影。与亚心老人吴廷德相比，他更具有历史意义和文学价值。或者说，我希望他就是具有典型的理想主义精神气息的中国当代唐吉诃德。

他比我预想的要年轻得多。70多岁的人了，却依然身体硬朗，红光满面。虽已秃顶，但两耳上方、脑后的雪白头发和白胡须，还是让人感受到了他良好的精神状态和气息。他穿着烂了几个窟窿的蓝色套头衫、黑色裤子和黑布鞋，说话语气平和坚定，并不时露出一种腼腆的笑意。无论出于何种目的与动机，能够几十年如一日地坚持自己的梦想与信念，去做同一件事情——这种专注的目光令人心生敬畏。至少，谁也不应该嘲讽他的选择。

姜永彦的履历很简单：1935年在山东省牟平县城西的小埠子村出生，上过两年私塾。16岁时，父亲给他娶了比他大3岁的童养媳。1966年到新疆，在位于石河子市的兵团128团七连当军垦战士。1984年在昌吉、石河子和乌鲁木齐等地乞讨。自1987年开始，冬天在城市乞讨，夏天则在玛纳斯以南的红沙湾挖坑找宝。迄今已整整21年。

挖坑。不停地挖。这才是他的正事。只要还能下床，拿得动坎土曼，他就会这么一直挖下去。能挖出宝物最好，挖不出来也没关系。反正他找过了，也竭尽全力了。真的找不到的话，这也是老天爷早就安排好的！他不会怪罪任何人。

坑是姜永彦的梦，而红沙湾则是当地每一个人的梦。

人们的梦缘于一个传说。

大家都说，当年的军阀盛世才统治新疆的时候，曾一度不买蒋介石中央政府的账。特别是把马家军打出新疆后，请来苏联红八团镇守星星峡，害得蒋介石的军队进不了新疆。他搜刮大量财宝，并密派亲信，计划于1937年将财宝经昌吉、伊犁往苏联运送。岂料，刚至玛纳斯即走漏风声。即命其亲信将宝物就地埋藏，押宝士兵全部活埋。其中一人却因闹肚子躲过此劫。1944年，盛世才被蒋介石调往陪都重庆任农林部长后，这位士兵向外泄露了这一秘密。

传说毕竟只是传说，多数人仅仅听听而已。但另一些人则对此深信不疑。70多年来，一批又一批寻宝者闻讯而至，通过各种方式探测并挖掘财宝，红沙湾就成了当地人心中的财宝山，发财梦越做越大。

红沙湾是个较大的地名。这里的一座由红土和暗红色砾石构成的红山，就是宝物标志——周围则是一望无际的黑褐色及土黄色的戈壁滩。似乎红山注定要成为一种诱惑和象征，成为寻宝者天大的期待。

别人找宝的土坑随处乱挖，形状各异。而姜永彦则大不相同。他像艺术家一样专心致志地挖坑，痴迷而富于耐心。无论长方形或正方形，他都挖得有棱有角，一丝不苟。其突出特点：一是所有的坑只深挖1.2米；二是只在长草的地方挖坑；三是每个坑都修葺得四角端正、底部平坦，仿佛要安放一件稀世宝物似的。

他说，这一切皆缘于某种神谕。

他说，一开始挖宝，以及每挖寻8年财宝的时候，他都会准时做一个相同的梦。梦中，一位白胡子老人明确告诉他：宝就藏在这个红山里，在有草有树的地方，而且深挖1.2米就看见了。要是没看见，你就换个地方再挖。

他认为这是神仙在帮他。早上醒来后发现，这个梦清晰得就跟真的发生过的事一样。

由于挖得不是很深，所以他有足够的时间和理由把每个坑都挖修得有条有理。每当他挥舞坎土曼刨挖，以及一铲又一铲子将红土抛堆至坑外的时候，他都觉得这是某种完美的创造。仿佛自己是一位了不起的行为艺术家。他用时间和行动创作出了一幅幅大地杰作。

在一个地势较低的缓坡上，他从戈壁滩拣来一些鹅卵石，外加一些白杨树枝，给自己修了个地窝子，一年的大多数日子住在这里。屋里由另外几块石头支出一个只有半只耳朵的小黑锅。他用这个小锅熬稀饭、煮野菜。

谁也没有催他，但他总觉得时间不够用。他觉得有一种无形而强大的手推着他，使他不敢有丝毫的松懈。无论天晴下雨，以及是否有沙尘暴，只要有一点可能，他都会坚持走向该挖坑的地方。对他来说，这几乎是他唯一应该做和能够做的事情了。挖坑，不仅仅只是一种习惯，也是一种崇高而神圣的使命。

连续21年做同一件事情，这使得他对自己的工作样式、效率和效果等了如指掌。譬如，他不戴手表，但对时间的掌握却极度精准。早上8点钟起床，8点半喝完大米稀饭，9点钟，他拣起一根木棍刮掉坎土曼、镐头和铁锹上的泥土，并用一块布包上午饭——两个馒头和一疙瘩自己腌制的咸菜出发了。太阳偏西的时候，他准时收工。譬如，他知道该在哪些地方挖坑，以及不该在哪些地方动坎土曼。只要看一眼地势、草质、土的颜色，他就知道今天的坑会费多大的力气，以及能挖出多大的结果。也即是说，开挖以前，他就能准确预测出刨挖的结局。他对大山比对自己更了解。他对当地的地质构造及山体走向早已了熟于心啦！譬如他知道自己在一年四季的每个日子里能干多少活，知道力气的能量和向度。

21年前的1987年，也就是刚来红沙湾挖坑的时候，他还算是个年轻体壮的人呀！每天挖三四个坑没啥问题。但现在不行了，每天只能挖一个坑。就算挖一个坑，也得费时3个多钟头。天气太热的时候，恐怕还不止这个时间。年岁不饶人哪！他经常这么想。他期望老天爷能够给自己更长的时间，并能尽快找到财宝。老天爷啊，你要让我活得更久一些，要让我找到财宝呀！

大约从2004年6月起，姜永彦调整了工作时间，即上午挖坑，下午休息。不睡觉的时候，他就找在附近放羊的人聊天。他说，找宝是个慢活，不能急。太急了成不了大事，宝没准儿就会跑掉。他甚至不想让那些前来看他挖宝的人大声说话，以及说那种不吉利的话。他害怕稍有不慎，就坏了运气，使自己错过了财宝。而此刻错过，或许一辈子都错过了。

这两天，挂在门背后的馒头已经有了馊味。但是，不吃馒头就没啥可吃了。他小心翼翼地抠掉馒头表面发绿的霉点，还是大口吞噬起来。

这天下午，一位陌生男人给姜永彦送馒头来了。他大老远就问："挖到了没有？"

姜永彦抹了一把脸上的汗说："快了！"

这就是唐吉诃德式的人物姜永彦。现在，他站在自己地窝子的门口。他的寻宝梦想已经持续了21年

他总用这种说法安慰周围那些好心支持鼓励他的人，同时把希望带给这些满怀希望的人和自己。

他给所有前来看他挖宝的人说的头一句话是："快了，这几天就能挖出来。"第二句话是："你投点资吧，2000块钱就够了。挖出的财宝分两成给你。"第三句话是："我几年前挖出来一只玉鞋，但被人给骗走了。"

周围的塔西河乡、大丰镇、乐土驿镇的村民们谁也没看见过他所说的玉鞋，并且谁也不相信他真的挖出过玉鞋，但大家还是尽可能地维护他的梦想，尽可能地给他送去馒头、咸菜、馕、布鞋或坎土曼，以便他能坚持挖下去。

当然，支持者中，有相当一部分人同样对红沙湾的财宝深信不疑。他们希望有限资助姜永彦，一旦有一天他真的挖出财宝之后，自己也能沾沾光。

还有一个重要原因是——据说姜永彦手里握着一张藏宝图。此图谁也看不到。姜永彦不会让任何人看到。因此，这张图几乎成为姜永彦的支持者心里的财宝指南。仅仅想一想这张图，人们的挖宝信念就永不枯竭。

来红沙湾挖宝的人不计其数，但大多数找宝时间不会超过一年。时间最长的是另一位不知名的山东老人，据说他在这里找宝已超过30年。可这人最近突然不见了。大家都说，他去世了。

还有一位老人挖宝时间不长，但条件和阵势远比姜永彦强——由于有一位当地煤矿的孟老板支持，这位老人动用探测仪，并雇了工人用挖掘机寻宝，甚至把一座山从中间给劈开了，但仍然一无所获。

不过，姜永彦并不嫉妒他们。他知道他手握着藏宝图。只要按照梦的指引前进，找到财宝只是个早晚的事情。

自从开始找宝以后，他再没见过妻子和孩子。20多年了，妻儿们也从未来看过他。他不愿跟人提起自己的家。问得紧了，他会无限悲伤地说："人就算一辈子天天待在一起，也就那么几十年的缘分。唉，不说了！他们不来就不来吧，我一个人过也挺好的。就当我没有过这档子事吧！"

由于常年握坎土曼，姜永彦双臂向前弯曲，手掌及虎口磨出了厚厚一层老茧。这些老茧无声地诉说着他的满腹期待和辛酸。

"那么，要是有一天真的挖出财宝的话，你计划拿这些钱去干啥？"

姜永彦双眼猛地亮起来。他告诉记者："人这一辈子不容易呀！真的发大财了，那一定要好好享受一下！先包飞机去一趟香港，把身子里不好使唤的零件都换成新的，让自己年轻健康起来。再在那里结一回婚，娶个容颜俊俏的丫头子。孩子就不要了！要了孩子不

冬天地冻以后，他进城乞讨。夏天，就到红沙湾挖这样的方坑寻宝。也许姜永彦并不是在寻宝，而是寻找一种生活方式与人生传奇

孝顺，还不如不要。然后再到日本、泰国旅游一下。我这一辈子只在老家山东和新疆待过。不出去见见大世面，真算白活了一趟呀！”

他说：“人不能太贪心。有钱了，我要给送我馒头和工具的人分一些，再给跟我一起在乌鲁木齐市南门、大十字要饭的人分一些。太贪心了就不会有财运了。”

他说：“尚记者，我给你说个关于财宝的故事你听不听？东边吉木萨尔这地方，可是唐朝时候的北庭都护府啊！现在，古城变成破窑子，大家都叫它破城子。一次，一户家老汉在县城卖完粮，赶毛驴车回家时，天黑了。看见土窑里有灯光，他就一搡门进来了。靠墙的土台子上的油灯快灭了，他拨一下才亮起来。借着灯光，他看见墙角堆满了银子。他从毛驴车上取来塔哈尔（口袋），装满后背上就往外走。然而，却死活找不到窑门了。东摸西看好半天，折腾得疲惫不堪，还是找不着门。等他放下银子，门就出现在面前。再背上银子时，门又没了。他既生气又恐惧。实在没办法，只好把银子倒回原处，拿上塔哈尔赶毛驴车回家了。给婆姨（老伴）说这件事时，当的一声，从塔哈尔里掉出一锭白生生的银子和一张纸条。拣起纸条一看，上头写着5个字：拨灯银一锭。老汉这才明白：我拨了一下灯，就得了一锭银子。再想多拿，不行。不能贪心哇！不该我的东西，就是不能多拿。”

我告诉他，这个故事我在新疆人民出版社2000年2月出版的《乌鲁木齐民间文学选萃》中也看到过。

这是蒙古人的待客茶点。姜永彦先生年事已高。放美食于此，不知道是否可以使他回心转意，进而放下坎土曼，回家过小日子

我说这样吧，今天晚了，我不回乌鲁木齐啦！我也给你讲个找宝的故事吧！这是波斯诗人鲁米讲过的一个迷人故事。有个人生活极度贫困，便日夜祈祷："主啊！你创造了我，不仅使我有视觉、味觉、嗅觉、触觉、听觉这生理上的五觉，而且使我有畏惧、思维、想象、记忆、共感这内在的五觉。你赐我了无数东西，现在只求你再恩赐我财富。"

主在梦中显灵说："穷苦人啊，在你隔壁书商的旧纸堆里，有封颜色和样式特殊的便笺。按照便笺上说的去做，就能找到瑰宝。"

第二天一早，他到书商那里，果然从旧纸堆里找到了梦里描述过的便笺。他向书商索要了这个旧便笺，拿到僻静的地方一看，大吃一惊。原来这上面写着"宝藏记"字样的秘密文字。其内容是：郊外有一座拱形坟墓，墓门面向荒野，背向城市。你站在那里，向着荒原，把一支箭搭在弓上。在箭落之处，刨坑挖土，就能找到珍宝。

穷人高兴坏了。他立即从家里拿出弓箭、镐头、铁锹等工具，找到地方，将箭塔在弓上，用尽力气射出。之后，飞奔至箭落之处，拼命挖掘起来。然而，在第一箭射落之地，他并没有找到财宝。于是射出第二箭，仍没发现财宝。接着，他射出第三箭、第四箭……他每天都这么射箭和挖地，一个多月过去了，一无所获。

消息传到国王那里，穷人被带进王宫。他深知国王意在《宝藏记》。为免拷打，他双膝跪地，高高举起那封便笺说：“国王啊，我献上这《宝藏记》。我挖掘一个多月，却未见宝物踪迹。愿吉运降落到陛下头上。”

国王从全国各地选调射箭好手，命其站在拱形坟墓上朝各个方向射箭，又派大批人马在箭落之处大规模挖掘。6个月后，原野的每一寸土地都被翻了一遍，也没找到任何珍宝。

国王召来穷人，把那张便笺扔到他面前说：“这本是你这样的没事可做的人所干的勾当，我怎么也会这么愚蠢。现在把《宝藏记》还给你，你随便找吧。找到的珍宝都归你！”

穷人又向真主祈祷。主在梦里说：“《宝藏记》中并未让你将弓拉开射箭呀，你为何要多此一举？拉大弓弦——箭矢射得愈远，想找宝物就愈加困难。因此，宝物就在不需要拉弓而箭落的地方。你为什么要舍近求远！”

就这样，这位穷人从他第一次站立的地方挖坑，很快就找到了财宝。

听到这里，姜永彦说：“鲁米的意思可能在告诉我们，寻找宝物，一不要虚妄。因为虚妄会使自己脱离既定目标；二须坚韧，要排除障碍和杂音，勇往直前。”

我说：“我的理解是，鲁米告诉我们，宝物远在天边，近在脚下嘛！做任何事情，都不要好高骛远。只有从眼前一件件做下去，就一定能获得成功。”

姜永彦说：“你说得太深奥了。这跟前还有一个宝物，你想不想去挖坑？想去的话，我就把故事说给你听。”

我说：“又有玉鞋了？”

姜永彦说：“啥玉鞋！是金马驹子。我们跟前这条塔西河可是玛纳斯的第二大河呀！以前，这条河常发洪水，天灾不断。清朝时期，大家捐款，想在河的东岸修一座庙，西岸建一座塔，用‘东庙西塔’把妖魔镇住，保佑百姓平安。然而，每次东庙修到一半，立庙柱就倒了，不是砸死会长，就是压死了民工。就在大家束手无策的时候，忽然来了一位白胡子老头。他对大家说，庙，你们是修不起来了。真要修起来，就得死够57个会长。因为，庙下的山中藏着一匹金马驹子。庙一旦修成，它就永无出头之日了。所以，它不让你们再修了！”

姜永彦诚恳地说：“记者也没啥当头！又苦又累，也挣不上个啥钱！你去挖金马驹子，我挖盛世才的财宝。找到后咱俩平分！你看行不行？冬天天寒地冻挖不成，咱们一起去城里讨吃的。说干就干吧，男人家嘛！”

我发现，我竟然有点奇怪地被眼前这个山东老汉给说动了！这么大岁数的人了，都这么有勇气，而我怎么就这么没出息呢！

我想起了面容愁苦的骑士唐吉诃德说过的话：“我的好儿子桑丘，我给你说过多少遍了，这会儿你总该相信了吧？这城堡里发生的所有事情，都是魔法作怪的结果。”

3 吻在红山

第一次吻萨仁的地方在乌鲁木齐市红山顶上。我不知道这件事是否还有更为深刻的寓意？但对我们来说，意义非凡。

那是一个初夏的午后，刚刚走出污浊又漫长的冬季的乌鲁木齐似乎长出了一口气。我和萨仁一起爬上红山。我们想看一看睡醒过来的乌鲁木齐的模样。

我们在盘山道路上漫步，并观看了红山塔、林则徐塑像和佛寺。虽然我们并不喜欢远眺楼这个名字，但还是每人花5元的门票钱登楼了。萨仁边爬楼梯边嘟囔：“远眺楼？太直白了，没有可回味的意境嘛！远没有黄鹤楼或望江楼有味道。”

我说：“对，叫通天楼也许更诗意而大胆。可惜给楼起名字的人没找到咱俩！”

这是一座红檐绿瓦、古色古香的三层楼阁。由于高耸红山顶端，因而雄伟壮美，不可一世。游客进门时，楼内广播里就开始播放早已录制好的关于乌鲁木齐市的专题介绍。

登上顶层后，站在富丽堂皇的围廊上放眼四望，我感到眼前猛地一亮，仿佛一缕夏日的清凉划过心际。真是良辰美景啊！我意识到，某种灿烂而美好的事情就要发生了。

此乃乌鲁木齐市城区内最高和最为险要的地方之一。不来此楼，是无法体会这种高处的无限风光之精妙的。

往南看，城市覆盖在午后阳光的一层无形的烈焰与薄雾之中。这种烈焰似乎在远处抖动，似乎在按照某种方向持续上升、放大及强化着。西大桥上车水马龙，假日大酒店易名新疆大酒店后，已经不再有我们心目中曾有的辉煌与高度了——它夹杂在更高的楼群当中，像个满腹委屈的退休将军。

那么，我乌鲁木齐市的数百万兄弟姐妹们，你们此刻在忙碌什么呀？你们有没有体会到你们一直想要的欢乐和幸福？南部以南，就是我们每个乌鲁木齐人都喜欢的南山了。参天塔松下面的草原上，牛羊肥壮，牧歌声声。塔松上面就是东西延绵2500多公里的伟大天山。我想起了166年前的林则徐站在我站的地方，并用同一角度看到的景象和体会到的

220岁的红山塔是乌鲁木齐市现存的最古老的建筑，同时也是乌鲁木齐市的重要标志和象征。因此，几乎每一对乌鲁木齐情侣都愿意请它作证——在塔下发生初吻或海誓山盟

寂寥。他说："美玉一样的天山雪峰像手板一样高耸着，引导我向西行走，并陪伴着我这颗寂寥的心。我只能与山灵相对而笑，满头白发与天山终年不化的积雪一样，难以消融啊！"他的原话是这么说的："天山万笏耸琼瑶，导我西行伴寂寥。我与山灵相对笑，满头晴雪共难消。"

向西看，不远处，深红色的红山塔雄踞于红山嘴上，威风凛凛。已经220年的岁数了——这座乌鲁木齐仅存的最古老的建筑早已看淡了时间与风雨，并以楼阁式实心砖塔的方式凝望着沧桑世事。稍远的地方，人们在红山游泳馆里鱼一样光洁地游动着。更远处，大地窝堡国际机场每天吞吐着近百条航线上的各色人群。乌鲁木齐和昌吉两个城市的楼群眼看就要连到一起了。

北方。一个令人心醉的视角！山坡上，几对恋人手拉手在山林里漫步和拥抱。佛寺里神性的光芒无声地向四周普照着。而雪莲山或红光山上，绿色的植物正以无限生机诉说着生的焦虑与无尽期盼。

我真正想说的还是东方。

抬眼仰望——对，你必须仰望，天山近在高天之上。而高天的高处，则是傲世独立的三座并排安坐的巍巍雪峰——博格达。"三峰并起插云寒，四壁横陈绕涧盘"。这座海拔5445米的安谧而静穆的高峰上，万年冰雪在西边午后阳光的照射下，光芒飞溅，璀璨夺目。它完全展露出了自己神圣的相貌和容颜，并用平静的目光安抚及镇住脚步匆忙的我们，以及我们凌乱的内心。它就是我们的天父啊！它让我一次次重拾生活的信心，使我们往前走了一站又一站。

这是一种透彻肺腑的圣洁与清凉。华发峥峥、苍颜皓首的雪峰之上，就是乌鲁木齐夏季特有的深邃又安静的湛蓝色的天空了。

这一刻，天空蓝得像空的。这种干净又通透的蓝色——蓝得让人想哭！

"真是好地方啊！"我对和我一起凭栏远望的萨仁说。

"你说博格达雪峰，还是说红山？"萨仁问道："如果说红山，那就给红山唱支歌儿吧！比如你喜欢唱的《大约在冬季》什么的。"

我说："这么圣洁的地方，唱通俗歌曲大煞风景。这样吧，咱俩来背古诗，看谁背得多！"

萨仁连连摇头："不行，不行！我害怕会背古诗的男人——不知道从啥时候开始，我一直特别喜欢那些会背古诗的男人。可能是古诗的气质与男人的气质极近吧！背诵古诗——总会不由自主地让我联想到接吻。"

我说："那你吻过没有？都快20岁了！"

萨仁说："看过电影里的吻。一个人的时候，我也脱了衣服对着镜子练过。但没有正式吻过——男人！我想……恐怕挺难的。”

我说：“为什么挺难？”

萨仁：“因为没吻过嘛！所以……”

我说：“对镜子练接吻，怎么一定要脱光衣服？”

萨仁：“这样更真实一些呗！我还抱一个枕头呢。”

为了避免过早沦陷于亲吻的汪洋大海之中，我有意把目光探向城市的上方，并说出了下面一段话：“要说在这样的古楼上登高望远的古诗的话，我最喜欢的还是唐朝诗人崔颢的《黄鹤楼》：‘昔人已乘黄鹤去，此地空余黄鹤楼。黄鹤一去不复返，白云千载空悠悠。晴川历历汉阳树，芳草萋萋鹦鹉洲。日暮乡关何处是，烟波江上使人愁。’那么你听听吧：‘白云千载空悠悠……烟波江上使人愁’——这种意境何其悠远而富于张力呀！这里面具有一种难以言喻的美感力量。这种力量让你一触碰到，就忍不住会喜欢。萨仁，我相信你也一定喜欢这首诗，对吧？不过，我更喜欢的还是关于蜜蜂的古诗。记得最牢的是吴承恩的《咏蜂》：‘穿花度柳飞如箭，粘絮寻香似落星。小小微躯能负重，器器薄翅会乘风’。还有李商隐的《蜂》……”

山顶上，生与死摆放得如此清晰

敖包堆放在这里，我们感到内心踏实又宁静

萨仁："就知道你光喜欢蜜蜂。好，我给你背唐朝罗隐的《蜂》吧：'不论平地与山尖，无限风光尽被占。采得百花成蜜后，为谁辛苦为谁甜？'"

我依然把视线投向别处对萨仁说："那么——是不是更想了？"

萨仁："想什么呀？"

我说："吻。都背这么多诗了！"

萨仁照着我的肩膀打了一拳头说："讨厌！"

我感到她把头低下去，且不再说话了。

我用右手悄悄握住她左手的一根指头，温柔、缓慢又坚决地把她往我的方向拉。我感到她以拒绝的方式顺从着，就拉得更用力了。两人的肩膀已经轻轻停靠在一起。谁也不再说话了。也不知道过了多长时间，突然，我猛地转身，以迅雷不及掩耳之势将她揽入怀中。然而，她却惊恐地睁大眼睛看着我，一时间不知道如何是好。我说："闭上眼睛。"她乖乖地闭上了。我吻了一下她的额头，接着就动用了这个古老而不朽的接近办法——亲吻她的嘴唇。这一瞬间，我们都体会到了那种简洁又崇高的奇妙意境，那种

这位哈萨克族女孩骑白马而来，脸上的青春与稚气令人着迷

忘我的甜蜜和销魂的醉。

仿佛过了一个世纪，我们终于停下来。萨仁没有看我，只是双手紧紧揪住我胳膊两侧的衣袖，并把额头顶在我的胸口上，抽泣起来。我有些慌张，一时不知道怎么安慰她才好。我问："第一次？"她在我胸口处轻轻点了点头，抽泣得更凶了！我想，所有把初吻献给某个男人的女孩子都会哭吧！因为，初吻结束了一个时代！惊喜、幸福、失落、惊恐、焦虑、期待……这其中混合了几乎所有的感受吧！我做不了别的，只能用双臂紧紧抱住她。她木然地张大嘴巴，瘫倒在我的怀里。她一边满脸是泪地全身颤抖着小声哭泣，一边紧闭双眼，忘乎所以地与我狂吻起来。

阳光从红山塔方向照射过来，清洁而透明地覆盖在我们身上。我和萨仁轮流倚靠在远眺楼三层的红色廊柱上，死去活来地吻。这一刻，我不知道除了吻……除了吻，我还能做什么！也不知道世界上除了如此美丽的时光和事情之外，还有没有更好的生活？当然，我也不知道在西大桥上，红山塔前，以及对面的妖魔山上，有多少人正用高倍望远镜窥视我们！反正无所谓了——我们根本就不在乎他们！我竟然有了一种奇怪的得意——在如此诗情画意的地方，在乌鲁木齐市的最高处吻一个女孩，我觉得自己似乎在跟整个乌鲁木齐、甚至跟整个新疆和世界亲吻。

我也感到奇怪——第一次接吻，萨仁似乎对小口小口的咂嘴式接吻不屑一顾。她渴望的是一张贴在她嘴上的张得大大的口，因而总是大口大口地吻，仿佛用尽全身力气、用整个生命在亲吻，仿佛要一口把我吞掉，至少要一口把我的心吸进自己嘴里似的。一边疯狂地吻，一边在喉咙里发出类似老虎的呼噜呼噜的呻吟。

我记得以前在什么地方看过的一篇研究性文章说，每个人深情亲吻的时候，一下子会调动出29种肌肉同时颤动，通过对流的唾液交换9毫克的水、0.7克蛋白质、0.18毫克有机物质、0.71毫克脂肪、0.45毫克盐分。现在，我对此深信不疑了。

整个下午，我和萨仁都在做这件事情——从这根红廊柱靠到那根红廊柱上，我们绕着红山远眺楼三楼的围廊，一圈一圈地忘我亲吻。要不是偶尔有游客走进一楼并响起关于乌鲁木齐市的专题广播的话，我相信萨仁早已吻化在我怀里了！

天快黑的时候，我用力推开萨仁说："走，我们也像成千上万的乌鲁木齐情侣一样，到红山塔下的铁链子上挂一对同心锁去。"

刻有我俩名字的两把铁锁相互交织着锁在铁链上后，我原以为我们会交换着保存对方的钥匙，没想到萨仁却照着河滩公路，用力将其扔到悬崖底下去了。她说："这才叫生死相依、心心相印呢！"

下山的时候，我突然想：红山真是绝佳的情侣之山呀！正如新疆大学的红湖、北京大学的未名湖、武汉大学的珞珈山以及苏州市的虎丘山等，这里的每棵树下、每朵花上及每一寸空气里，都饱蘸着青春的气息和爱情的芬芳啊！有这样一座情爱之山存在，整个城市都复活并燃烧着，并与别的城市有所不同了！

那么，乌鲁木齐的250万人中，还有谁没上过红山？没有在红山亲吻过的还有谁？

C.鸽子王

不在乌鲁木齐生活的人，就根本无法理解这个谜一样的城市。即使在这里生活了，也不等于你已经了解和理解了。要是不用心，或者说要是没有找到恰当的途径，你依然会无

在乌鲁木齐市人民广场，洁白的鸽子飞落孩子头顶——不知道孩子在逗鸽子，还是鸽子在逗孩子

法理解它。你摸不到乌鲁木齐的脉搏，也听不到它的心跳。最多只是个路人，一个观光客，以及一个新型的闯入者。

那么，走进本真乌鲁木齐的秘密通道在哪里？

一天，阿里木帮了我这样一个忙。

他把我带入他的鸽子世界，并让我深切体会到了这个与城市人群共居一处的光荣而强大的秘密国度。

60多年的养鸽生活，使阿里木变得性情温和，胸襟宽阔，看人看事都多了一种特别的视角。

阿里木是乌鲁木齐市养鸽子最多的人——多到了他自己也弄不清究竟养了多少只。碰到固执的人想探问个究竟的时候，阿里木就随口说："40只鸽子嘛？有呢！"

谁都知道，40是维吾尔人的能指数字，而不是所指状态的40。有时可能泛指400或4000，是很多的意思，有点像汉语中的成百上千。维吾尔族俗语中就有很多广泛应用40的地方，比如：一日的夫妻，40年的情意；颠倒黑白的事情，40年后清楚；有姑娘的人家，门口常拴着40匹马；吝啬的人用一个铜钱，要在钱眼里往返40次……阿里木心宽体胖，他本人挂在嘴边的一个谚语是："如果心胸坦荡，一串葡萄40个人吃——也够呢！"

不管他怎么回答，有一点大家都很清楚，即无论养鸽时间和数量，他都是全城首屈一指的。他是乌鲁木齐市真正意义上的鸽子王。

别人只活一个人生，阿里木却同时获得两个人生——一个是人类的，另一个是鸽类的。有人说，比起人类来，他更了解鸽子。他对鸽子的感情已到了物我两忘的境地。无论多累多饿，一看到自己的鸽子飞回来，所有的疲顿一下子消失了！

当然，也许无法比较，也无可选择。对阿里木而言，人的世界和鸽子的世界一样重要。他必须同时拥有它们，也同时依靠它们。他的生命已牢不可破地与这两个世界连为一体。

他在楼顶给鸽子们盖了几间大房子。在房子里贴墙的地方，用木板给鸽子搭窝，又在旁边修了一间大玻璃房子做幼鸽晒房，目的在于增强亮度和暖度，使小鸽子熟悉环境，健康成长。

谁也没有统计过，三面有山的乌鲁木齐市到底有多少家养鸽人。但有一点是可以肯定的：养鸽者不计其数。他们大多喜欢在平房小院里喂养鸽子。搬进楼房以后，他们尽量搬住到顶楼里，在房顶修建鸽子房。虽说居住环境受到限制，但真正的养鸽人的养鸽热情是不会因住房问题而消减的。他们会想尽办法养育鸽子。似乎天下鸽子都嗷嗷待哺着，要是他们不去养的话，所有鸽子都活不成了！

有人喜欢养清一色的白鸽子或灰鸽子，也有人只养信鸽、赛鸽或肉鸽，但阿里木对此全不以为然。只要是鸽子，他全都养。在他看来，鸽子的王国同人的王国在本质上是一样的，男女老少、三教九流都得有。否则，鸽王也就不能算是真正意义上的鸽子王了。

这并不等于说，阿里木对鸽子没选择和无原则地喜欢了。事实上，他对鸽子的品种要求极高——他最喜欢喂养高品质的小短嘴鸽子。这种一流的鸽子中，其种类也多得不计其数。他给每种鸽子都起了好听又好记的名字。会在空中翻跟头的叫毛拉克奇，意思是翻跟头专家；全身无一根杂毛的白鸽子叫一身白；金色眼珠的叫金眼白；绿豆眼的叫豆眼白；黑头白身子的叫一头黑；红头白身子的叫一头红；黑头黑尾白身子的叫两头黑；全身黑色，而脊背白色，但白中有黑点的鸽子叫富背子；此外还有紫头、蓝头和两头红等各色鸽子。阿里木还根据鸽子的其他特征，对它们有前峰、后峰、毛腿、毛爪子等称呼。鼻子上方长有一撮长毛的鸽子叫前峰。鸽子后脑勺长出一撮羽毛后，就自然得出了后峰的美名。当然，他还根据鸽子的性别，像人一样叫它们巴郎子和古丽。根据其可爱程度，也有叫阿依古丽或阿娜尔古丽的。他的鸽子世界就是他的另一个人类世界。他统领着这个世界，并期待它们一天比一天繁荣兴旺。

每天清晨和下午，阿里木有两个固定的放飞鸽子的时间。他站在乌鲁木齐市宏大幸福花园的一栋7层住宅楼的房顶，挥舞着绑在木棒上的彩色布条，指挥鸽子在天空盘旋。他的木棒怎么挥舞，鸽子们就怎么飞。他在头顶挥三下，鸽子们就飞三圈，挥9下飞9圈。他在鸽子王国中拥有至高无上的威望。鸽子们也以拥有他这样值得信任的主人而骄傲。碰到有特殊情况想让鸽子停飞的时候，他就把右手小拇指背面伸进嘴里，打出悠长而清晰的口哨，以声音发出各种指令。听到主人的口哨声，所有鸽子都会做出步调一致的反应，要么改变飞行线路，要么停止飞行，呼啦一下飘落在他的周围。阿里木高兴得心花怒放。他捧出一大盆小麦给鸽子吃，或者两手分别拾起两只鸽子，用长满胡子的面颊轻抚鸽子的羽毛，或者左一口右一口地亲吻这些聪明可爱的精灵们，并不停地嘟囔：“亲死你们，爱死你们！”

看阿里木的鸽群在天空翱翔，是一件令人心旷神怡的事情。那些光洁而精美的羽毛，柔软又整齐一致地在空气中滑行。那种比软更软的碰撞与亲近啊！那些在大海一样的空气中浮沉的美。它们乘风破浪，一往无前。它们在风里亲吻风。它们张开全部身子，以孤独的声音高声歌唱生活。

这是一团团白天的夜火吧？它们吐出阴影的火焰，以及在空中清洁地燃烧。一个翅膀、两个翅膀、三个翅膀……无数的翅膀连接成同一个翅膀——在透明的阳光下翻飞。看，这些翅膀倾斜了！你快看，它们变换了个角度飞行。它们轻轻一抖，就把珍珠般的阳光送进我们的眼睑。它们在柔软的风中干干净净地飞呀！翅膀在空气中发出撕裂丝绸的清晰又

草原上的那达慕大会开始了！群鸽高飞，吉祥无边

不易觉察的美妙声音。那肯定是天使的笑声，以及少女在小树下小便的声音。那声音如此坚定和踏实呀！它怀揣远方，又对远方无限期待着。它们像女孩子的梦，同时也是一首诗歌不朽的标题。

火。每只鸽子都是一团烈火。在天空歌唱或哭，同时也熊熊燃烧。白色鸽子、黑色鸽子、红色鸽子或银灰色鸽子……它们美丽的翅膀一翻，就打开了乌鲁木齐的光明和秘密呀！它让我们每个人突然变得如此幸福而温暖，让我们怀揣生动的生命信念。鸽子仿佛说："在阳光还能照耀的地方，好好活吧，亲爱的人！你们要尽量亲密，要有歌唱苦难和远方的勇气！"

鸽群像一片大树叶，在我们头顶的海水中漂浮。它们用目光和翅尖划开这些透明的水，整齐有序地把身体上的光泼洒给我们。它们如此健康、美丽而飘逸。我却只能站在这里。我不能用优美的飞行与它们呼应。我身体里的河水也无法回应它们。我像一根冻僵的蜡烛，硬邦邦地站在这里，看着它们飞。直线飞行的时候，它们的两只翅膀加紧扇动啊，你追我赶，奋勇当先。拐弯的时候，就整齐一致地滑翔。仿佛城市建设得太不规则，影响了它们的飞行。仿佛若继续扇动翅膀，就会飞越到空气的那一面去了！城市则在另一面，像一朵巨大的病痛着的鲜花。

看啊，阿里木的毛拉克奇（翻跟头专家）在空中翻跟头了。它们中领头的一个突然双翅并拢，像纺锤一样立在无边无际的空气中。转瞬之间，头部由上往下，再由前往后——翻了一个跟头，接着又翻一个跟头。第二个第三个鸽子紧跟着也往下翻。最多时，它们可以一刻不停地连翻三个跟头。这种上下翻飞的情形令人叹为观止！仿佛以空翻的方式告诉我们：这才叫自由和生活，这才叫生活在泥土之上、时间之上。这是一种高高在上的欢乐和爱。

那么，在高处，用身体思想吧！以飞翔的方式流浪，也以流浪的方式飞翔。

在比高还高的地方，阿里木的鸽哨竞相鸣响起来。阿里木的鸽哨子外形美观、做工精细、轻巧而响亮，堪称乌鲁木齐一绝。一响葫芦、两响葫芦、三串铃、五串铃、七串铃、十三太保……真是名称繁多，形态各异呀！譬如，七串铃就是把七根直径约1厘米、长约4厘米的芦苇秆黏连在一起，上下封口，而上口则用薄竹片刻制哨口。制成后，将其捆绑在鸽子腿上。无论往上飞还是往前飞行，这些哨子都会发出清脆悦耳的声音。毛拉克奇翻跟头时，鸽哨也照响不误。只是翻飞的速度和动作不同，鸽哨也会发出起伏有致的鸣响。众多鸽子一齐翻飞时，乌鲁木齐上空即呈现一台精妙绝伦的大自然交响乐，让我们每个人都听得舍不得迈动脚步啦！

十三太保是阿里木所做的最大的鸽哨子。他把串铃和葫芦套装在一起，形成13个哨子。他把13个哨子黏连在一起，挑选那些体格健硕、力大无比的鸽子佩戴。为了保险起见，他还要在其尾巴上缝制哨尾进行加固。就这样，每只鸽子带着13个哨子上天了！13个哨子就是13支用声音书写天空的笔，也是13盏黑夜里的灯。

阿里木的鸽群训练有素。它们飞得花样繁多，又高又远，因而与众不同。其他人的鸽子只在自家屋顶盘旋，不敢往别处飞。而阿里木的庞大鸽群飞直线，浩浩荡荡，气吞山河。它们周游整个乌鲁木齐，不知疲倦地飞。每当心情好的时候，他就把彩布条木棒在头顶上大大地划上几个圆圈，意思是让鸽子们在全城上空尽情飞翔吧！鸽子们也高兴起来。一不留神，它们甚至会把飞行航线圈套到南山、昌吉、米泉境内去。但它们总能感知到阿里木的指令。无论飞得多远，一听到阿里木在幸福花园楼顶上发出的尖锐的口哨声，或者看到他的木棒绕行方式，以及看见他把装有鸽食的大葫芦在空中一摇，就步调一致地飞将回来，围在他周围咕咕咕地说笑个不停。

阿里木的庞大鸽群总令其他养鸽人望而生畏。他们一般情况下会错开他的鸽子放飞时间，以免自己的鸽子裹在阿里木声势浩大的鸽群里被带跑。

阿里木却看法不同。他认为鸽子是世界上最有感情和灵性的动物，甚至比人类还忠诚

这个鸽子笼实际上是安放在阿里木家房顶的另一个家。鸽子们每天进进出出，防风取暖，小日子过得幸福无涯

坚贞。他从来不占有别人的鸽子。这并不是说他看不上别人的鸽子，而是想占有也占有不了。他举例说，一只赛鸽受伤后，误飞至他的鸽群之中。他给它疗伤，使它恢复了健康。刚能飞行时，它义无反顾地飞走了。他知道，它要回到它真正的主人那里去了，它有属于自己的家。

阿里木说，鸽子可以帮人送信、破案，还能给人治病。一只母鸽子不慎死亡以后，其伴侣也会殉情而去。无论飞到哪里，鸽子都有惊人的认路能力，并能准确无误地飞回家里，飞行速度可以达到每小时125公里。

阿里木说，只要条件好，食物足，鸽子一年能繁殖8次，每次都下两个蛋。破壳而出的小鸽子，一天之内体重能增加一倍，4天后才能睁开眼睛，两个月之后离窝飞行。

阿里木说，从远古时代起，鸽子就被赋予了神圣而美好的想象，寄托了我们全部的情爱追求和幸福渴望。它陪伴我们度过所有悲伤或欢乐的日子。圣经《旧约》中，鸽子勇敢地飞跃地平线找到新陆地，为诺亚衔回橄榄枝。圣经《新约》中，在耶稣受洗的时候，鸽子被当作圣灵出现了。毕加索的《和平鸽》画作，表达了人们对战争的反思和对和平的渴望。西班牙人通过《鸽子》这首歌表达了恋人之间的生离死别。罗马时代，鸽子给人们传递奥运会信息，所以现在的奥运会开幕式上一定要放白色鸽子。12世纪时，巴格达城和叙利亚、埃及所有主要城市之间，都建立了鸽子通讯网络。16世纪时，鸽子粪在英国被当作无价之宝——因为它是当时唯一已知的硝石来源，而硝石是制作黑色火药的重要原料……

阿里木说，你知道鸽子的嘴巴和爪子是怎么变红的吗？谈得么！早先，鸽子长得黑不溜秋的，而乌鸦长得漂亮，又能说会道，是圣人的宠儿。发洪水七天七夜之后，努哈圣人派乌鸦去寻找陆地。它出去的第一件事就是给自己找吃的，忘了使命。努哈圣人只好派鸽子去找陆地。鸽子忠心耿耿，在滚烫的洪水里四处打探，终于叼回了橄榄枝，但黑嘴巴、黑眼睛、黑爪子都变成了红的。努哈圣人生气地对乌鸦和鸽子说："从今以后，你们两个换个儿过——鸽子留在我身边。"

7岁的小孙女米娜依突然病了，精神萎靡，食欲不振。阿里木从鸽窝里找出一只刚长出乳毛、脚未落地的乳鸽子并宰杀，把鸽子血滴在脱了衣服趴在炕上的米娜依脊背上，用手抹匀。之后，他揪下一些小乳鸽的乳毛粘在鸽血涂抹过的地方。就这样，米娜依一觉睡醒后，又活蹦乱跳地满地跑开了。

肉鸽。这是供人们食用的鸽子。想吃鸽子的时候，阿里木就把宰杀并收拾干净的生鸽子放进盛放着穆赛莱斯酒的坛子里。两三天后，冰凉的穆赛莱斯开始沸腾，鸽子上下翻滚。一周后，鸽子就熟了。吃鸽肉，喝坛子里的穆赛莱斯，真是一种绝世享受啊！他感到精力旺盛，生活的信心猛增。

最让阿里木自豪的是，每逢鹞鹰（又叫鸽鹞子，是专捕鸽子的猛禽）飞出南山，直扑乌鲁木齐的家鸽、信鸽或野鸽子的时候，他的鸽子们总能成功脱逃。他的鸽子矫健而聪慧，碰到鹞鹰飞来，它们就闪电似的直线坠落，并迅速飞回家里。所以他说，你们看到鹞鹰双爪夹住、边飞边用嘴拔毛、使其羽毛在天空乱飞的鸽子，没有一只是他阿里木的。

不幸发生在5月的一个下午。

几天来，阿里木的鸽子们突然变得心事重重，食欲不旺了。它们在鸽房里或楼顶上，总是心神不宁的样子，白天晚上咕咕咕地叫个不停。阿里木感觉到了异常，但却不知道究竟会发生什么事。他想，可能是新疆迟来的春天造成的春季困乏吧——过几天就好了。所以也就没太当回事。这天下午，他照常打开鸽笼放飞。

半小时后，阿里木的不祥预感变成了现实。巨大的轰鸣声由南往北传来，大地在颤动，天空迅速变暗。

看见势头不妙，他赶紧向鸽群发出返回指令。可是——晚了！鸽子们迷失了方向，不听他的命令——或者被巨大的轰鸣声干扰，听不到他的命令了！任凭他再怎么挥舞木棒、摔打鸽食葫芦及吹打口哨，鸽子们再也没有回来。他养了一辈子鸽子——可他的鸽群还是跟着别的鸽子一起跑掉了。

旅鸽。旅鸽。全是旅鸽！阿里木平生头一回见到这么多鸽子。它们铺天盖地而来，像云一样从城市上空掠过——整个空中全是它们的身影。

它们中的少数鸽子在房顶、树枝上和沼泽的草丛里稍事休息，而绝大多数则一刻不停地飞掠着。阳光被遮挡住了，城市骤然间阴暗得仿佛暴雨将至。它们排成长长的弓形线，或者汇聚成密集的方阵，一浪高过一浪地从头顶掠过。咕咕咕，嘎嘎嘎……天空充满了鸽子们孩子似的哭叫声、笑闹声以及轰隆隆振翅飞翔的声音——这种遮天蔽日的旅鸽飞行持续了三天三夜。

当地气象台报告说，乌鲁木齐地区的阴雨天气将持续三天，最高风力可达8级。却唯独不提旅鸽的事。在气象员看来，鸽子是动物协会管的事，与天气预报无关。

只有阿里木清楚，是旅鸽带来了这种千年不遇的特殊气候奇观。

阿里木知道，这一次，更为强大的旅鸽队伍带走了他的鸽群。他的鸽子已经走远了！

梯子是一条上房的通道。有这个梯子搭在这里，鸽子们就有吃有喝了，飞翔起来也更加自如和迷人

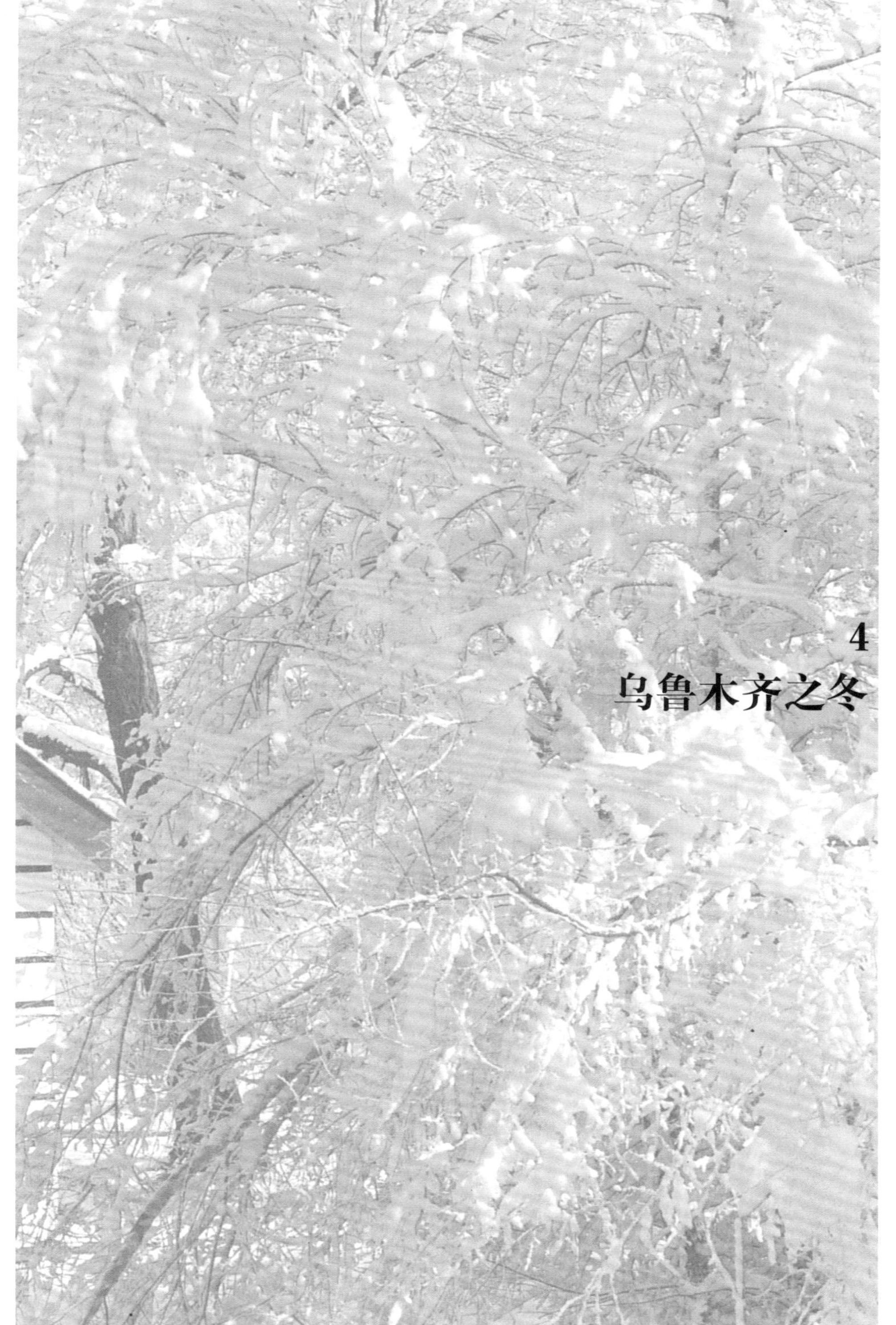

4 乌鲁木齐之冬

每年秋冬时节，当我的蜜蜂们给我做出足够的蜂蜜之后，我就收拾好蜂场的行李拉着醇香无比的蜂蜜回乌鲁木齐过冬了。几十年来，我的每个冬天都是在这里度过的。我一边想办法把蜂蜜卖送到千家万户，一边安享我温暖的时光。我发现，我是如此深切而不可动摇地爱上了乌鲁木齐的冬天。

最早看到的是我熟悉的街道两侧的榆树或橡树。好像昨天还在发芽，而今天，这些尚未完全长大的树叶已经随风飘落了。季节变化之快让所有人都有些惶恐不安和措手不及。

光秃秃的树，像一只只冻僵的手，向高处伸着，无声地诉说仓促轮回之中的满腹委屈和隐痛。

我知道，正是这些列立两厢的树，像忠诚而清瘦的门童，伸出他们干净有力的手，迎接我回家呢！

也正是乌鲁木齐的这些长也长不大的树，以及他们羸弱的身躯，还有落叶遍地、满目萧瑟的景象，使我产生了一种面向亲人的悲喜与悲悯。我恨不得跟每棵大树小树拥抱。我从他们身上看到了我父亲的影子我的影子和我儿子的影子。

我把蜂蜜安顿好，吃一碗酸奶，一块馕，又喝了一大碗萨仁炖的牛尾巴和恰玛菇汤，就出门了。

走在街上，看到每个人都亲切无比啊！我想告诉乌鲁木齐人：我是一个养蜂人，我又在外地度过了整个夏天，我回来了。你们每晚入睡前喝的那杯牛奶里所搭兑的醇香蜂蜜，就是我的蜜蜂给酿造的。我想给每个人做点好事，比如帮孩子们背沉重的书包，帮老人提一提他们手中的菜篮子或清油，比如在公交车上给妇女们让座，比如在大雪之后的街坡上帮拾垃圾的老人往上推车等。

傍晚，白茫茫的雾气笼罩了城市。由于全城都没有铺修自行车道和摩托车道，下班

冬天，乌鲁木齐的新雪泛射出清晰又清洁的光——钻石一般晶莹璀璨着

大年初一上午，放完爆竹吃饱饺子后，人们在住宅小区的院子里堆个雪人，让童话在身边慢慢生长

或放学的人群全部拥向公交车站，以及朝出租车挥手。南门、北门、光明路、红山、西虹路、友好路、八楼……人们手提文件袋或食品袋站在公交车站台上，鼻孔和嘴里呼出一两尺长的白汽——这似乎向旁人和自己证明着一种生命的能量与温暖，以及每个人无限的期盼。橘黄色的路灯奋力拨开迷雾，朝人们头顶或面容上泼洒柔美的光辉。街道上，一些细碎的雪花首先被擦亮了。它们在我们脚底下泛射出清晰又清洁的光，钻石一般晶莹璀璨着，仿佛在提醒我们留意城市中的另一个幽深又明媚的生命世界。踏行其上，脚底下类似老鼠磨牙的踏雪声好像在告诉我们："你还活着，你的生命依然坚强有力。"

白雾，寒风中萧瑟的树，穿面包服、黑大衣、皮茄克的行色匆匆的人群，孤独凄美的灯光，人们呼出的生命的雾气，旧公寓楼斑驳的墙壁……这一切构成了典型的乌鲁木齐冬天的意象，构成一种铺天盖地的忧伤，深埋心头，挥之不去。

我知道，这就是我的乌鲁木齐呀！这是我喜欢的乌鲁木齐，是我魂牵梦萦的家。而这种忧伤而浪漫的情感，与乌鲁木齐乃至整个新疆的大地气质相吻合。走在寒冷的冬天夜晚的乌鲁木齐某条幽深而昏暗的街道上，我甚至不时会产生一种错觉，以为自己正走在陀思妥耶夫斯基或康·巴乌斯托夫斯基笔下的某条莫斯科巷道里。

把衣服的领子竖起来，或者用围巾裹住耳朵，在铺满花砖的人行道上行走，在傍晚行色匆忙的人群中行走，我感到一种莫名的喜悦与温暖——我在内心深处为这些陌生的同城人的生活信心而感动。我是他们中的一员，我就是他们，我随着他们每一个人的心跳而跳动。无论男人或女人，我有一种深深的甘苦与共之感，也有一种多色人群、多元文化杂交之后的认同感和归宿感。换句话说，我愿意跟这些陌生的邻居一起并肩行走，愿意和他们在一起，并成为他们。

路过清真寺、天主教堂、基督教堂和新疆国际大巴扎这样的一千零一夜中的场景及某户人家的雕花院门的时候，我会忍不住停住脚步，多看几眼。我知道，这里蕴藏着大美和大境界，这些地方需要思想与仰望。

我们继续往前走。我们孤独而宁静。夜晚的大片黑暗很快会接纳我们，平抚我们，纵容我们。我们，我们的街道，我们的眼泪、呼吸和笑，我们的每一件东西都会被黑夜淹没。要不了多久，我们就可以在路的尽头拐进一幢房子里——那是我们的家，是我疗伤止痛的地方，也是我出发和到达的地方。这个地方有温暖如春的暖气，有天山雪峰上流淌而至的冰川水，也有我精心收藏的各类书籍。好像只要换上拖鞋，平躺在床上，我就可以做失落的传奇梦和繁华梦了。我们可以安享属于我们的时光，过我们安静又平淡的小日子——此时此刻，东方人和西方人的眼睛都看不见我们。巨幅上涨的房价、物价和不见上涨的工资也没人看得到。贫穷和不幸只有每个人自己来咀嚼和忍受。

我喜欢乌鲁木齐之冬甚于夏天的另一个不算太大的理由是：冬天，城市回归到了它的本来面目。大街小巷安谧下来，人们步入正常的生活轨道和习性之中。

新疆有一个尽人皆知的顺口溜:“吐鲁番的葡萄哈密的瓜，乌鲁木齐的街道年年挖。”

每年开挖街道——城市发展变化速度极快当然是一个方面。但从另外一个方面讲，则是管理者缺乏远见卓识、没有长久规划的表现，是一种无能的体现。当然也不能排除相关官员捞政绩、吃回扣的可能。人们常说，上一个项目肥一批官僚。而一遍遍翻挖道路，可以把某些人的贪欲和政绩合情合理地结合到一起，并把硕鼠的本性发挥到极致。总之，乌鲁木齐人对每年夏天逐街翻挖的事已深恶痛绝了。而冬天一到，冰封的大地很自然地阻止了那些人的翻挖欲望及可能。城市恢复了原有的平和与宁静。城市承载着人们的生活愿望也放大着人们的愿望。人与城市的和谐关系被嫁接得恰如其分。

喜欢乌鲁木齐的冬天的重要原因是因为雪。

大雪飘飞的日子，我像一只屋子里的困兽。但却甘愿做一只困兽。望着窗外成团的雪片漫天飘落，望着这种童话般的安详静谧与圣洁，望着被我所体会并且过上了的好日子，我觉得自己就是这世界上最幸运的人了。我被某种清洁的喜悦所笼罩。整个上午或下午，我情不自禁地在屋子里走来走去，高兴得啥事也做不成。我的心里装满了幸福，以及某种莫名的期待。

乌鲁木齐市新时代大酒店门口，圣诞老人满身新雪与喜气，飘髯站立。站在他身旁的孩子也似乎骤然间高大健壮起来

我认为，这是上天恩赐给我们的享乐的日子。是神性的时刻。老天爷有意让人们停住忙碌的脚步，啥也不要干了。停下来，悉心体会我们应有的光阴和生活。那么，我们怎么能够辜负上天的一片好意呀！我们必须把日子过得生动响亮起来。我就坐下来，给远方的朋友写信。我要在大雪落定以后，步行到邮局，把这封信寄出去。或者约请朋友到人民电影院附近的红茶坊及北门的仙跡林西餐馆喝茶聊天。这是上天安排给我们的特殊时刻——最适合的事情就是探亲访友，约会喝酒，以及倾心长谈。这是令人无法荒废的时候。同时，也是让我们可以肆无忌惮地挥霍并虚度的时刻。

雪，这些整齐的六角形图案——大地的使者。它们是如此的精美、整洁、轻柔和吉祥，也是如此的宽容、隐忍与高贵。它们源于寒冷，却给大地带来温暖。它们携裹着充足的水，却以干爽而圣洁的姿态到来。它们纤尘不染，却无怨无悔地扑向污垢并包容所有的不洁。它们从萧条的冬季降落，却孕育并预示着来年的丰收。它们把那些高级的愿望和神圣的光芒持续输送给大地，并驱散了隐匿在我们体内、禁锢及吞噬着我们灵性的东西，使我们不再世故和麻木，使每一个生命复活和放大。于是，维吾尔族兄弟们开始下雪书、喝穆赛莱斯、吃手抓肉，蒙古人给来访的客人们敬酒献哈达，哈萨克人在冬窝子里唱起谎歌，所有的孩子们开始堆雪人、打雪仗，以及坐狗拉雪橇。

迄今为止，在人类美好愿望中发生的一切事情，都是以雪为坐标进行的。假若冬天没有雪，就像大海里没有鱼，森林里没有鸟，土地上没有庄稼，女人没有生孩子。假若乌鲁木齐没有雪，那它肯定就不是乌鲁木齐了。偶尔的雪灾是天空过于盛情的结果。我极其痛恨那些污染了我们的城市空气和我们的呼吸道的人，但对天空加持给我们的大雪却心存感激。大雪使乌鲁木齐的大气污染获得短期内的抑制。

一场又一场的大雪，使乌鲁木齐人获得了短暂的间歇式的惊喜、洁净与安宁。

最美好的时刻还在每场大雪落定之后。

仿佛听到一声神秘的口哨似的，出租车、私家车、公交车及公务员用车——一律就近停靠在街边。停雪就是命令。两小时内，所有店铺、单位、机关、学校，必须各自清扫掉门前及马路上的积雪。每个乌鲁木齐人都知道：街上戒严了！这种时候，全城人只做一件事：扫雪。

时光一下子停下来！这是一件何其迷人和有趣的事情啊！再要紧的事也不办了。人们戴上手套和帽子，肩扛铁锹、榔头、扫帚或簸箕，列队浩浩荡荡走出一幢幢黑乎乎的办公大楼，开始一年中唯一一次或几次的集体性的扫雪劳动。

事实上，我们每个乌鲁木齐人都甚为喜欢这种少有的集体劳动，喜欢这种有些强制性的集体狂欢。一方面，对于久坐办公室的人来说，适度的体力劳动可以舒筋活血，放松身体。另一方面，清理刚刚飘落的新雪，有一种打雪仗的喜悦，以及那种迫近凶险的甜美气息。扫雪劳动有点像集体性游戏。第三点也许更为重要，即我们一年四季都各忙各的生活，

乌鲁木齐市红山公园里长满了冰雕。我知道，这就是我的乌鲁木齐呀！寒冷而温暖，又有一种铺天盖地的挥之不去的忧伤

即使同一个单位，大家也互不来往，每个人只在自己的小屋子及工作隔档里忙自己的活计，少有交流和交往。但下雪之后就不同了。大家为了一个共同的目的走出大楼，来到新雪满地的天空下，每个人都如此新鲜、生动、欣喜和亲切，像一个个刚出笼的馒头，飘散着独特的热气和清香。

令我们这些年轻小伙子喜不自禁的还在于：许多平时难得一见的美女们也倾巢出动了。来到我们身边，跟我们一起一铁锹一铁锹地铲雪。我们广告公司老总徐庄的漂亮女秘书每天车接车送，一般人极难真切看见。此刻，她很卖力地干活，好像成心把自己的健康气息和迷人身材展现出来让我们近距离观看。另一些青春貌美的维吾尔族女同事的面孔被冻得又红又白。他们活力四射地干着活，爽朗的性格和清脆的笑声使四周冰冷的空气也活跃与温暖起来。

这时，雪成为一种载体和理由，强迫我们每个人新鲜出炉，连成一个整体。雪让我团结在一起，并产生一种同舟共济、生死相依的宿命感。交通瘫痪，一切其他工作停止，时间被切断……仿佛我们与世界的联系都中止了！我们开始齐心协力地工作。我们进入一种类似战时或国家灾难时刻的短暂的特殊氛围当中，仿佛每个人都有机会体会到一种奇特的人生。此刻的乌鲁木齐像个边远的村庄。我们寻思着共同的命运，以便与辉煌的日子靠得更近。我们挥舞手中的铁锹砍剁个不停，整个城市都淹没在成千上万个铲雪剁冰声构成的汪洋大海之中。

乌鲁木齐每年约有七八个月属于冬季气候，有雪的冬季约有半年时间。曾长期居住乌鲁木齐的诗人北野说："正是漫长冬季的严寒培养了我们每天清晨冲洗冷水浴的清洁精神；而加了酥油的滚烫的奶茶不仅使我们浑身发热，而且使我们歌喉嘹亮；馕、烤包子、抓饭和过油肉拌面，这些最实在朴素的食物使我们身强力壮；辽阔的大地供我们学习长途跋涉、磨炼筋骨和意志；而鼓声和黄铜唢呐，把鸽子送上天空，也把人间的欢爱带到每个人心中……冬天和冰雪还是另外一层意义上吉祥的象征：雪提示我们某种低温的必要性，提示我们保持冷静，提示我们爱护大自然，提示我们珍惜一年四季的轮回。"

很多人迫不及待地期盼过年，期盼五一、十一的假期，期盼婚期和涨工资的日子的早日到来，孩子们也焦急地盼望暑假，而我则盼望着一场又一场大雪弥漫的日子的到来。我觉得，每个有雪的日子都是我的节日。我很多美好的想象和诗意澎湃的事情都发生在下雪天。

眼下，乌鲁木齐冬季的空气质量正在逐步改善。也许正是因为要持续在冬天的乌鲁木齐生活，才使得我一天比一天更强烈地喜欢上了这个忧郁、冷峻而浪漫的城市。我承认，或许正是圣洁的雪、本分的生活气息和豁达的生命态度，孕育并滋养了乌鲁木齐清洁、忧伤又独特的内视灵魂。

D．西大桥的脸

写完报用文章之余，我最喜欢去的一个地方就是西大桥。这是横跨乌鲁木齐河之后同时连接了东城和西城的一座桥。站在这座桥上，我觉得就像站在乌鲁木齐的手上，甚至是站在鼻梁上。我被城市之手托着，内心装满了恬美的期盼。

我喜欢站在桥上，在遥远地眺望北边的红山的同时，体会大小车辆通过大桥时所产生的微妙的震颤。我喜欢扶着栏杆往下看。南来北往的车流箭一样穿过桥下的河滩公路——每辆汽车钻入脚下的桥里，或者突然高速从桥下射出来的时候，我的脚心和小腿肚子上，总会产生一种麻酥酥的痒感，一种近似于眩晕的疼痛的快感。这种奇妙的感觉凶险而刺激。它把恐高和速度结合起来，让桥和河滩公路在一种视觉落差中，通过汽车发生联系，甚至重叠，进而产生一种立体的声像效果。我喜欢这种脚心发痒的刺激感！它能激发出某种奇怪的性欲和想象，并把一种现代的速度与古典的浪漫期待瞬间内巧妙结合到一起，使人短期内体会到一种微醺的醉意和灵魂出窍之感，以及那种迫近险象的幸福感。

西大桥是乌鲁木齐最著名的地方之一。它浓缩了整个城市的记忆：既是乌鲁木齐发展变迁的见证者，又是乌鲁木齐历史文化的承载者。

站在这里，我一眼就能看到过去245年间，西大桥所经历的大约8次兴建，以及最近

过去245年间，远处的西大桥历经8次修建，成为沟通两岸的现实与心灵意义上的双重大桥。今天，桥下的乌鲁木齐河已很遗憾地被河滩公路所取代，而远处的红山则迷人依旧

每张脸都是一部书。每个面孔背后都隐藏着千姿百态的命运和丰富多彩的内容

一次翻建新桥前夕的拆除浓烟。我同时还能看到桥西红山商场和桥东鸿春园重建时的爆破尘雾。

那么，245年的甘苦与辛酸该从何说起呢？谁能找到一面镜子，把西大桥的苦难与欢乐一下子照出来？谁可以来到桥上跟我一起看？

那时候，源于天山中段天格尔峰北坡一号冰川的乌鲁木齐河四季长流。河水浩浩荡荡，由南向北，纵贯乌鲁木齐市区。1763年（清乾隆二十八年），虹桥就此飞架；乌鲁木齐建桥史正式翻开。1805年（清嘉庆十年）重架木桥，几年后又被冲毁。百年后的1906年（清光绪三十二年），工程较大的巩宁桥再度兴建，8年后又毁，1918年重修新巩宁桥。1940年，由苏联归国华侨王连升负责，在旧桥址新修一座负荷10吨的3孔石墩木架桥，1953年被特大洪水冲倒。之后经抢修通车。1959年，当局新修一座钢筋混凝土结构的西大桥，连续使用了37年。1996年，原桥炸毁之后，新修了现有的这座6车道、全长140米的分离式立交桥，桥下早已滴水皆无的乌鲁木齐河变成了河滩公路。

现在，乌鲁木齐河滩快速公路长达15.2公里，其上的立交桥、人行天桥已有10多座。中桥、三桥、四桥、五桥……桥已成为一种温暖的意象，既表明一种良好的前进状态，又是一种敞开的胸怀和愿望。

西大桥西端不远处的红山商场始建于1966年，因建红山脚下而得名。自我记事时起，这里就是乌鲁木齐的商贸中心。一连几十年，我们以能逛红山商场并在该商场买一件商品而骄傲。然而，2001年，随着一声巨响，这座曾经威风八面、不可一世的豪华商场被拆除，原址新建的另一座现代化多功能商场——友好百盛拔地而起。一个时代终结了，另一个时代注定以新鲜的面孔到来。

西大桥以东小十字附近的鸿春园是乌鲁木齐著名的百年老店，1890年由四川人王恺川、陈兴顺、郑连芳等创办和经营，曾是迪化唯一的川菜馆。历经110多年沧桑岁月，这家川菜馆先后易名杏花村、洪升园、鸿春园。值得信任的厨艺和良好的管理，使得这家川菜饭店经久不衰，深得乌鲁木齐人喜爱，并获得中华老字号称号。100多年光阴里，名厨郑连芳、陈兴顺、赵顺清等人精心制作的糖醋鱼、麻婆豆腐、鱼香肉丝、香酥鸡、凤尾腰花、爆双脆等菜肴，吃得一代又一代乌鲁木齐人心醉眼迷。这些色香味俱佳的美食进入人们的体内，并把食客滋养得健硕而青春。100多年了，人们竞相出入鸿春园，而鸿春园也有条不紊地喂养和滋润了整个乌鲁木齐。全城人都以拥有这样可靠的老店而心里踏实和坚定。

谁能知道迎面走来的这位老人正在想着什么？也许任何猜测都是偏颇的——一猜想就变味

2003年9月18日下午，兴盛了百余年的鸿春园饭店6.4秒内成功爆破，由某集团企业征购并在原址上新建的巨型双塔大厦正在建设之中。

红山商场、鸿春园、西大桥——这是具有特殊含义的时代符号。从某种意义上说，它们代表了衣食住行，代表了乌鲁木齐。透过它们的兴衰变化，我们看到的是整个城市的历史脉络和文化形态，同时也是整个城市的面目与心跳，是我们探寻时代痕迹的重要支点。

桥、商场和饭店的脸，也是城市之脸。显然，这些脸在变化着，漂移着，红润着。这些脸重叠着另一些脸，因而构成了一座200多万人的城市，也构成了一个不同凡响的社会和数不清的故事。而我正试图找到打开这些故事的密码。我们试图成为故事。

在西大桥上，我最喜欢看的是人——人的各不相同的面孔，以及这些面孔背后所隐藏的千姿百态的命运和丰富多彩的内容。

我几乎是小心翼翼地观察和发现着。这些看似一样的脸，却在不同的时间和地点里呈现出巨大的差异。

这些男人或女人的脸，它们无时无刻不展现出强大的创造力和深不可测的秘密。它们

我们访问新疆和田县1362岁的核桃树王时，三个小巴郎突然从树洞里冒出各自的小脸，吓了人一跳

在阳光下微笑，转而又在熙熙攘攘的人流中显露出空前的孤寂和冷漠。它们不停地自我倾诉着，不停地表达关于世界的爱与憎。但从表面上看，它们目无表情。它们也许在内心里哭泣或欢笑，可外观上你看不出来这一切。它们以僵硬的方式对抗世界，以难以捉摸的色彩和模样表达自己的生活态度。

无论如何，这肯定是我面临的重大课题呀！不论走到哪里，我首先碰到的是一张张脸。别人与我相遇，也肯定会先与我的脸相遇。我们彼此关注的第一件事是对方的脸，其次才是身材、服装、谈吐、气质、思想等。脸是如此神秘和重要呀！脸会以先入为主的方式与我们打招呼，然后接纳或影响我们，抑或把我们引入歧途。无论美或不美，脸像一个暴君，强迫我们接收与其相关的一切信息。

这里同时是我们最隐秘和最暴露的肌肉中心。它极力隐藏一切，却又使一切展露无遗，听凭你来论断。这就是我们的脸。人类特别重要的5种官能中的4种都集中在这个巴掌大的地方。一方面，我们要通过脸部器官来吃、喝、呼吸、说话、闻气味和听声音，充分体现其实用价值。另一方面，我们要通过脸部肌肉来发生脸红、害羞、愤怒、惊恐等一系列复杂的变化，以体现其思想、审美和精神价值。人活脸，树活皮嘛！可以说，我们正是通过一张脸同世界打交道的。脸是我们生命的罗盘，也是我们与人交往的诱饵与徽章。

站在乌鲁木齐市西大桥、中山路、南门人民剧场门前或二道桥等地方，看着迎面走过来的每一个人，无论他们是何种民族及信仰哪种宗教，只需看一眼，我就能探测到他们的年龄、性别、种族、职业、健康状况及当时的心情。正是脸把他们的所有秘密显露无遗。脸是他们最大的知音，也是最大的泄密者。脸瞬间发送的信息——迄今为止，就算是高端科学也难以将其解释清楚。它的千变百化令我们防不胜防。它的美又是如此的强大和迫不及待。它不时散射出一种无形的铺天盖地的光芒，令我们着迷和陶醉到无以复加的地步。我们终生深陷其迷雾当中，难以自拔。

我同时也惊异于我头脑的清晰准确判断和有效认知。我相信，无论多么精密的计算机，也无法与我相比。我只需在这里看一眼，有时为了礼貌起见，我只需用眼睛的余光瞟一眼，就能从茫茫人海里找出那些美人或小偷。我的眼睛是如此的忠实可靠，我的经验、复杂而精细的大脑神经系统是如此的发达和准确。我能在几秒钟内判断出一张面孔下面所掩藏的丰富信息与内容。我能瞬间辨认出每张面孔之间各不相同的地方。同时，只要对一些重要的人看上一眼，就会记住一辈子。即使50年之后再见面，我一眼就能认出她，并脱口喊出她的名字。美是一种神圣而神奇的不可预测的力量。我们总是被那些漂亮的女人的脸所吸引，目光被其攫取。我们以为，美始终具有一种令人振奋的、惊心动魄而又难以理解的谜一样的冲击力，让我们这些凡夫俗子防不胜防。

我的意思是说，我们每个人都拥有一张会思考的可靠的脸面。

从解剖学的角度来说，脸是一块蒙有面纱的土地。

据说，脸的形状不光与热带草原中的生活有关，而且与原始的海洋进化有联系。因此，其细部隐藏的尽是芳香甘美、夺人心魄的秘密。甚至可以说，脸的很多奥秘根本不在脸上，而在我们的心里，在思想、情感及表情的反映方式上。一个具有美好心灵的人，其面孔也平和、安详、真挚而美好。阴暗而恶毒的人，则其面不善。有人甚至说，没有灵魂的人，比如吸血鬼，竟然根本无法从镜子里看到自己的脸。原因是——他根本没有脸。在我们的传统里，没有脸或自己不要脸的人，是最为我们所不齿的人了！这些人活着比死了还难受。活着不如不活着。一般来说，这种人的脸同我们所不易看见的道德品质有直接联系。比如淫乱的女人、乱伦的男人、虐待老人、贪官污吏及杀人放火等内在品质败坏的人，即使其拥有再好看的脸蛋，这张脸在人们眼中的审美效果也会大打折扣。

这也充分说明，脸是人类的一个普遍奇迹。成千上亿张面孔中，竟没有一张是完全一样的。每个脸都是独一无二的。60亿张脸使我们的地球光彩熠熠。在宇宙中，面孔的数量可能远远超过亚原子粒子的数量。从眼睛、鼻子、嘴巴、耳朵、人中，到眉毛、头发、皮肤等，每个细枝末节都呈现出一种千变万化的内容。我想，我穷竭一生也未必能琢磨得透呀！

1851年，10岁的女儿安妮突然死去时，悲痛欲绝的父亲查尔斯·达尔文一遍又一遍嘀咕："她那可爱快乐的脸蛋消失了"。望着简·爱，罗切斯特说，她的脸上"洋溢着青春，洋溢着光彩，洋溢着幸福"。而当爱情发生危机时，玛格丽特·尤尔森娜说："当你不在时，你的脸急剧膨胀，以致将整个宇宙都填满。"利比里亚人依照死去英雄们的脸做成面具，当作神灵供奉。打仗时，他们戴上这些面具，就感到英雄的灵魂无处不在，从而大受鼓舞。

由于脸的原因，照看脸的镜子也大行其道，进而呈现出了无穷的奥秘。

萨特一直怀疑人们能否读懂自己的脸。他说："当然这里有鼻子，有眼睛，有嘴巴。但这都毫无意义。镜子里连人类的表情都没有！"为驱除恶魔，我们的古人在埋葬亡者时，一般都要在其身旁放一面镜子，而且镜子朝上，擦拭干净。公元前296年，魏哀帝入土时，竟随身携带了几百面镜子。

我最喜欢的一个关于脸和镜子的经典故事是奥维德讲的。故事说，住在水泽中的仙女厄科爱上了岸上的水仙，但水仙却轻蔑地拒绝了她。她深受伤害，躲进岩洞，隐居山林，而心中却无法抹去对水仙的爱，最后憔悴而殒，只留下声音。别的仙女乞求复仇女神惩罚水仙。一天，水仙来到池塘边。他朝水中一望，竟然从镜子一样的水面上看到了自己的倒影，而且爱上了这个倒影。欲火中烧的他已无法离开池塘。每次他俯身亲吻倒影时，那倒影也抬头吻他。他起身离开时，倒影也退入池底！最后，欲罢不能的他投入池中，与水中的倒影结合了。岸上只留下自己的躯体——那朵白色花瓣黄色花蕊的水仙花。

可是，我们为什么一定要有一张脸呢？上帝有没有脸？我们的这张脸最终将把我们带向何方？

我们报社的一位同事告诉我，我们身旁的很多生物其实就没脸。海胆、海星、蚌类、水母和原生动物对有没有脸也毫不在意。有些生物的脸至今也没长成。轮虫用于觅食的杯状器物上长有一条长鞭，上面有一对眼睛——这是一张几乎算不上脸的脸！海葵的整张脸其实只是一张嘴。章鱼只有一双瞪视着前方的眼睛。蜗牛的小嘴和眼睛则长在触角上，并在脑袋上方挥舞不已。而水母根本就没有脸。生活在太平洋海底火山口附近的雷米卡雷斯虾，为了监测灼热的岩浆，竟想办法把眼睛长在后脑勺部位。猫头鹰不光能自如转动眼珠，其头部可以旋转270度，以观察周围环境。而人却最多只能在脸部长一双眼睛。相对于那些没脸的生物，人类真是比上不足，比下有余啊！

就个体生命而言，眼下，我最关心的是这样一件事：能否从熙来攘往的人群中找到另一张脸，一张跟我一模一样的脸？或者说，我是否能够找到另一个自己？

事实上，我对此深信不疑。我认为我能找到。即使是亿万分之一也要找。我不相信在这个世界上，60亿张脸中竟没有一个跟我是一模一样的！我整天想这件事，也无限期待着。尽管我尚不清楚拥有相同面相的人，他们的生活会发生哪些联系，以及相同面相会给他们的生活境遇带来多大的影响？但我还是带着某种莫名的狂喜和焦虑期待着。这里有一种探险似的好奇，也有关于生命的再认识可能。我甚至希望在乌鲁木齐或新疆就能碰到另外的我。

我相信，我的这种冥冥之中的奇怪期待是有道理的。萨特说过一句话："存在即合理。"只有我自己知道，我的这种隐秘的期待是多么坚决、强烈和无可动摇。我时常能听到自己血管里的巨大呼啸。我无法改变这种期待，所以只能放任这种期待。我期望这种期待有一天能有个结果。期望我能等到找到或碰到另外一张脸的那一天，并期望这种合理的存在能够让我梦想成真。

当然，凡事都是有其根由的。我如此急切又肯定地呼唤另一张脸——是有缘由的。

一天，我给远在陕西的母亲打电话时，她突然提到让我抽时间在新疆寻找哥哥的事。刚说了个开头，她就哽噎起来，通话被迫中断。后来我回老家探亲，母亲多次提到要我寻找失散了几十年的双胞胎哥哥。尤其是我的父亲因病过世后，她似乎有一种迫不及待的感觉，老担心自己也活不了多久。她只希望在有生之年能寻找到自己的另一个儿子。她告诉我，我的这个双胞胎哥哥名叫尚金牛，被一户蒙古人收养了。30多年过去了，一直生死不明。每次说起这件事时，总是深感愧疚，眼泪汪汪的。

正是从这一天起，我觉得这个世界上存在着另一位亲人。不管在哪里，他都是我的手足兄弟。他和我拥有相同的基因和血液，与我同年同月同时出生，并拥有相同的身材和脸。他能感知到我所有的身体与精神变化，能够感觉到我的悲欢和心跳。无论是否相见，他都是我的镜子，是另一个我！

无论身处何地，也无论白天或晚上，我总是有意无意地进行着秘密的寻找。一方面，我极端害怕找到他，害怕找到那个言谈举止和相貌跟我一模一样的人。我害怕相同的一切，害怕相同的命运弄得我们彼此手足无措，方寸大乱。但另一方面，我又迫切渴望找到他，揭开30多年的身世谜底。我希望我们骨肉相认，一家人团圆，更希望母亲在世的时候，可以了却自己的寻子心愿。

是的，这些年，关于我的双胞胎哥哥，关于另一个我这件事强烈激发和震撼着我。这是我心底最大的秘密和隐痛了。它迫使我一刻不停地研究所有人的脸，迫使我一次又一次来到乌鲁木齐人流最密集的西大桥、中山路或友好商场门前，进行似乎永无休止的人脸观察。我没有准确计算——我知道，我分析过的脸面已无法计算了！我也许还会这么无始无终地观察下去。

不光如此，这件事也激起了我关于另一个我的无穷想象和探究。我几乎读遍了所有关于双胞胎的文学作品和论文。同时开始了对生命的再体验和再认识。我似乎发现了一种与众不同、与以往不同的崭新人生。

我常想的一件事是，假如我真有一个双胞胎哥哥，那么我们到底是异卵双生还是同卵双生。如果异卵双生，那我们看上去一定不是很像。由于是母亲排出的一对卵子分别受精，我俩就像同一个育儿袋里长大的同胞兄弟或姐妹，而长相也肯定像《圣经》中浑身长毛的以扫和全身光洁的雅各，毫无相像之处。如果是同卵双生，那我俩就是由同一棵受精卵分裂后形成的。也就是说，我和我哥——一个卵子被一粒精子授精之后，在接下来的14天内开始分裂。单一的个体被同样地复制了两份。两者的DNA完全相同，甚至说，我们中的任意一个简直就是另一个的翻版。从长相到个头，从表情到手势，从头上的蜗旋到牙齿形状等，无不相像。我们的脸就是对方的脸，每个人都是对方的镜子。

最重要的还在于，我们兄弟俩肯定心绪相通，情感交融。即在很小的时候，就形成了我们独有的一整套秘密语言。是的，独有的。晦涩难懂，但奥妙无穷。除了我们彼此，任何其他人根本不了解。甚至可以说，很多无限丰富的语言体系和奥秘，就连当事的我俩也不明白是怎么回事。比方说，即使我俩远隔万里，但一个人发烧的时候，另一个人会坐卧不宁。其中一人与女孩子约会的时候，另一个人会莫名其妙地欢笑和喜不自禁。一人扭伤了脚脖子时，另一个人也会突然觉得无法下床了！这个世界上的事情就这么神奇。

类似的事情在我们周围比比皆是。莎士比亚在戏剧《错中错》中，让一对同卵的双胞胎极尽其能事，把陌生人愚弄得晕头转向，把一切都搞得乱七八糟。然而，他们的家人和朋友则能用最简单的办法把他们区分开来。另一位英国小说家刘易斯·卡罗尔在小说《镜中世界》中，让一对双胞胎兄弟特威德尔德姆和特威德尔迪毫无区别——一样的性情暴躁，一样的莽撞粗野。威廉·戈尔丁在小说《蝇王》中，竟然将萨姥埃里克两兄弟冠以同一姓名，并赋予他们相同的思想。一些没有双胞胎兄弟的统治者为了弥补自己的不幸，就想方设法制造另一张脸，冒充自己兄弟或自己，以便混淆视听。据说庞培有两个替身，而且这两个人都能惟妙惟肖地摹仿出他的言谈举止及高尚气质。萨达姆·侯赛因的独裁统治引起公愤，诸多杀手决定将其铲除，把和平与民主还给伊拉克公民。迫不得已，萨达姆就制造出一大批同卵双胞胎兄弟——替身，并轮流委派这些复制品去公开场合亮相，并参加一些地方的剪彩仪式。

我就在想，这些人是多么不幸呀！因为他们没有双胞胎兄弟。否则，他们的同卵双胞兄弟一定会扰乱公众视线，使杀手们无法下决心扣动扳机。所以，我又是何等的幸运呀！按照母亲的说法，要是这个世界上真有一个我的哥哥，而且是我的同卵双胞胎的话，那我

脸是人类的一个普遍奇迹。成千上亿张面孔中，竟然没有一张是完全一样的

就是这个世界上最幸福的人了。无论他在哪里，无论这一生是否能找到他，只要知道有他存在，知道有一个人与我共悲欢，同甘苦，并且彼此感应对方，共同心跳——这是一件多么令人心醉的事情啊！仅就这一点来说，我们比所有统治者更幸运。我们拥有他们也许一辈子也无法拥有的血脉联系样式，有一种异样的命运分担者，有互为映照、互为理解、互为感应的另一张脸，甚至可以说是另一个自己。

不过，世界上很多地方也有残杀双胞胎的事。在亚洲和非洲，很多土著居民中都有杀死双生婴儿的文化习俗。探险家玛丽·金斯利说，居住在尼日尔河三角洲地带的居民，按其惯例，务必将刚出生的双生子同时杀掉，有的甚至连婴儿的母亲也一起杀死！你说这是什么习惯呀！不是原始人对双胞胎极端敬畏，就是他们极端恐惧。他们害怕双生子会给自己及其族人带来不幸。也可以说是对未来心怀一种莫名的担忧吧！

显然，这一切丝毫也不会影响我对自己的生活和命运的期待。我依然会不时来到西大桥上，看红山，看桥下的车流，以及看桥上的人流。

我发现，每张脸都是新的和生动的。每张脸上都有自己的故事。一张脸就是一部书。

5 画家们

我承认，由于整个夏天都在一千多公里外的蜂场生活，所以，回到乌鲁木齐过冬的时候，我比别人更多了一层家园的情感与温暖。看到城里的每个人都感到亲切和新鲜，恨不能把每位亲人和朋友的脸都多看几遍，把乌鲁木齐的每条街道都走个够，把每个烤肉槽子上的烤羊肉串和每个馕坑里的馕都挨个儿吃一遍。总之，家的味道充满了我，包围了我，漫溢了我，使我内心踏实宁静得像一个极其瓷实的大木瓜。我喜欢这么漫不经心地东游西逛，喜欢闻到满城飘飞的烤羊肉、孜然、薰衣草的味道，以及人的思想的味道与体香。

与此同时，我极愿去拜访那些质朴、诚恳而又充满灵性的人。比如我的汉族朋友刘建新、维吾尔族朋友买买提·艾依提和蒙古族朋友卓娅等。

这里提到的三位朋友都居住在乌鲁木齐市。他们是乌鲁木齐乃至新疆最优秀的画家之一。绘画风格迥异，但都一样的出类拔萃。可以说，他们是近二三十年来整个乌鲁木齐的时代代表。他们都还健在，并且正值创造力最旺盛的时候——每个人都拥有巨大的创作潜质与无限可能。我以能与他们生活在同一个城市、同一个时代里而深感欣慰。我甚至在想，无论我对乌鲁木齐市的感情如何，倘若缺失了对他们的认识和了解的话，我就谈不上了解这个城市，因而也无法进入城市的本真生活，更看不到城市的精神内涵与高度。我希望自己走进他们，走进真正的生活。也希望自己能在有限的冬季时光里，尽可能地与这些优秀的画家、作家、音乐家或舞蹈家们站在一起。透过他们的目光、笔、身体及情感世界，我肯定能够看到一个跟我的蜜蜂世界不一样的世界，能够感受到不同的光芒和力量！

刘建新生于乌鲁木齐市，祖籍天津杨柳青。

对于移民城市乌鲁木齐来说，天津杨柳青人“赶大营”到来是一个壮举。在1876年至1933年前后，每年都有不计其数的杨柳青人随清军或自发地来到乌鲁木齐——每个人要在路上走六七个月时间。这是乌鲁木齐市最早和规模最大的一批赶大营者。在近130多年中的绝大多数时间，乌鲁木齐就有“小杨柳青”之称。清朝末年乌鲁木齐商界的“津门老八大家”和民国时期的“津门新八大家”等，均是乌鲁木齐商界的灵魂。国画家、武术家王子钝、人民公园丹凤朝阳阁的设计者崔大师、王恩荣、银匠状元张同礼、素食大王吕家恩、津门三绝中的吴玉和炸糕、张永春卤肉、彭家包子和李老万菜园子等，构成了早期乌鲁木齐的社会基石，成为现代乌鲁木齐建设史上的不朽传奇。

显然，津门之后刘建新是这种传奇中的传奇。他以自己特殊的艺术禀赋和不懈努力，实现了在现代艺术领域的独特创造和大步跨越，成为新疆大地的言说者及我们时代的代言人。

在乌鲁木齐生长，这里饱满的阳光和干爽的空气涤荡着他，移民城市特有的多元文化滋养着他，多民族混居的生活气息充溢着他，从而使他具备了清秀俊朗的相貌和非凡的艺术气质。特别是风华正茂的岁月，他去新疆五一农场接受再教育——一种特殊的国家性的政治运动竟使这个敏感而内向的年轻人大获益处。那种乡村独有的干净又质朴的田园美景击中了他。在劳作之余，在别人鼾声阵阵的时候，他偷偷拿起铅笔，兴味盎然地画开了。他说：“田间的玉米地，斑驳的老墙，被寒冷的冬风吹红的姑娘的脸颊，通往生产队的那条马车压过的雪路……一切都是那样淳厚、自然、美好。此后，在西安美术学院油画系和中央美术学院油画系的学习，以及赴欧洲进行艺术考察和学术交流，使他打牢了扎实的绘画基础，并且眼界大开。西方人的绘画理念使他茅塞顿开，大获营养。这一切使得他注定成为东西方绘画艺术和文化的集大成者，成为新疆当代油画艺术创作的杰出代表。

我曾仔细阅读了刘建新的绘画作品，发现其中三大特点值得格外关注。一是绝大多数作品是新疆少数民族题材的画作。他对周围人物的理解和认识，尤其是对于特殊环境里普通人物的关注与热爱，达到了令人震惊的地步。极具特色的表情，另类的生活情景，浓郁的生活气息和质朴的生活态度等，无不令人心醉神迷，难以释手。

第二是本分、踏实的画面和过目难忘的脸。以前我看过太多的人的绘画作品，它们出奇的清晰、完整和一丝不苟。很多人的脸都是统一的美女脸和俊男脸。人物动作及色彩处理也四平八稳和有条不紊。看得久了觉得异常腻味——那种千人一面、一板一眼的东西看得人腻烦得甚至发疯。但刘建新的作品不同。你从他的作品主人公中也许很难找到一个标准的美人脸，但他的绘画作品中的美人脸或男人脸，看一眼就会让人记住，而且会长久地记住。那种极其个性的线条、棱角，看似笨拙的长相，还有粗手大脚的姿态等——每幅作品都叫人过目难忘。看完作品，我们的内心会产生一种奇怪的踏实感。你不得不惊叹画家犀利的目光，以及他对生活的准确把握与表达。你会忍不住长出一口气说：“太真实了！画家几乎伸手同时抓住了两个世界：现实的真实和艺术的真实。”他也把我们逼进视觉的死角，即你必须接受这一张张脸，不接受也得接受。原因很简单：每一张脸都是独一无二

《早春》 刘建新 画

的，是不可模仿和重复的。每个脸是一，每个一都是脸。这种不可重复的脸，就是一个又一个独立又完整的世界。它给我们提供了一次又一次的视觉享受，同时又给画家自己提供了无限的创作可能。在这里——他纯粹的创作世界里，他变成了瞬间的和永恒的上帝。只要他还活着，他就可以一刻不停地、无休无止地创造下去，经过笔和画布，他可以创造出数不清的面孔，乃至创造出属于他本人的整个王国——只要他愿意，只要他拿起笔。

除了一张又一张与众不同的脸，当然还有身体，当然还有动作和姿势，还有各不相同的目光与表情，还有深层的愤怒与欢乐，有思想、情感和一颗颗滚烫的心。

这个冬天，我有幸同时读到三部绘画作品：《刘建新油画艺术作品》《新疆师范大学美术学院老师作品集 · 刘建新》和《沙漠玫瑰》。前两部个人作品集中，刘建新的画中人物全部通过一种栩栩如生的方式，表达着各不相同的个体命运和生存尊严，每幅作品都足以构成一个惊天动地的故事。

《窗前的女人体》中，裸体女人硕大的乳房和松弛的肚皮低垂着，她双手并拢，双眼紧闭，站在一盆干花面前。这是一位看起来生过很多孩子的妇女。岁月已走过去很多，她不知道未来会在什么地方等她。脖子上粗笨的项链是全身唯一的饰物。但此刻，你搞不清这串孤独的项链依靠着人体，还是孤独的身体依靠着项链。人与物之间极其孤单地彼此牵挂和依靠着。同呼吸，共命运，谁也离不开谁。与此相同的还有三个男人，即《站在绿色垫子上的阿西木》《坐着的男人体》和《黄色背景》。生活的磨难、时光的流逝、命运的击打，已经使习惯上的男子汉们精疲力竭了。但他们依然目视远方，或者侧身而望。他们不甘心啊！既不甘心老去，又不甘心任由时光摆布。但除了忍受生活，他们还能做些什么呢？他们高举着男人特有的沧桑的脸，依然健壮有力的手臂无论如何也无处安放！

如果说画家对男人的把握和呈现很到位的话，那么他对女人的刻画更是入木三分。除了刚才提到过的《窗前的女人体》外，我总觉得，《正面的女人体》《橡皮树前的女人体》和《听耳机的女人体》中的女人，都是我们在现实生活的什么地方见过的女人，具有普通的相貌、平凡的身材、司空见惯的表情，并不夸张的乳房自然而然摆放在那里，近在眼前，又遥不可及。她们的手无论背在身后，放在大腿一侧或沙发扶手上，都体现了一种劳动的艰辛与神圣。即使赤裸着身体听耳机，但那音乐也无法给这些女人带来内心的安宁。相反地，她们仿佛在聆听音乐以外的东西，聆听生活之艰难和关于另一种生活的茫然期待。与此同时，《有红色屏风的双人体》《黄色的椅子》和《春》，甚至还有《模特阿依古丽》《大学生米娜》和《红石榴》等，则把这种关于生命的忧伤和关于希望的茫然期待表达得淋漓尽致。可以说，刘建新是懂得生活，也知道如何进入生活的人。他让人物赤裸裸地说话，让每个人用目光和表情说话——让大家无声地说。让我们……于无声处听惊雷。于是，赤

《画室瞬间》 刘建新 画

身裸体的女人们无一例外地说出了裸体以外的生命故事，《早春》中的一家三口人则说出了春天以外的忧愁和哀伤。而《无题》中的诙谐与执著等，让我们看到了刘建新关于现代派绘画艺术的大胆探索与努力。

要说刘建新绘画人物中的典型美人脸的话，《沙漠玫瑰》中选登的《画室瞬间》应当是个例外。在堪与阿不都克里木·纳斯尔丁的《夏提古丽》相媲美的这幅素描作品中，刘建新以简洁的笔调和饱满的情感，给我们呈现出了一位绝世美女的形象。她的自然之美让整个世界惊诧得屏住了呼吸，并忘记了自己的存在。难怪乌鲁木齐女诗人南子在配发给该美女画的诗作中写道："她是谁/一首长诗是她的具体部分/在受困的风雨之夜/她作眺望的姿势/被谁及早地窥视/而梦游人在行走中产生了形象/从卑微的寒冷中/走到她身旁/看她怎样关闭身体里的月色/把黑暗里的黑延长/她是一个纯粹的女人/永远走在我前面。"

由于《画室瞬间》也许是刘建新绘画作品中真正意义上的美人画，因而也构成了其唯一性。画中美女也成为他的全部绘画人物中的一位。即所有的人物和脸都是唯一的、不可重复的。

第三个突出特点是他对某种特殊色彩的痴迷和运用。这实在是一件有趣的和值得关注的现象。譬如红色。譬如蓝色或绿色。

在刘建新这里，红色已不仅仅是红色，而是一种情感的向度，一种咆哮的火焰。《舞步》中，且不说男人的脚步如何地夸张、专注迈动，以及女人是怎样地投入或各怀心事，单就画面色彩来说，刘建新让红色点燃了所有人的心事，从而使舞蹈及其舞者呈现出一种非凡的视觉效果。现在，我们看到，红色的每个脸及脖颈，红色的男人女人的鞋，红色的男人衣服和女人衣服，这还不够，还有红色的屏风和局部地毯，以及长在一旁的红色小树。《欢乐的日子》中，女人的鞋子、艾得来斯长裙、衣服乃至整个挂毯都是红色的。《春天的记忆》系列画作中，几乎每张脸、每只手臂、小腿、脖颈及相邻空间也是红的。红在这里铺天盖地弥漫着。红色是核心语言，甚至是唯一语言。画家似乎故意强化并绽放这种抢眼的主题色调，使红色成为艳丽夺目的颜色，进而营造出一个长满人群的玫瑰花园。这些人是真实的，同时也是虚幻的。因为他们既是我们身边的各不相同的一个又一个人，也是我们理想中、甚至是梦境中的人。他们在如梦似幻的抽象背影中舞蹈、站立、安坐或眺望，在童话情境里的树木、花卉前面守望生活及沉思。每个人脸上都泛射着一种朴素的光。而那些与红对应的蓝色，又是极端饱和地蓝，加上绝对的绿色，以及局部的明黄色——画面构成了一种既具象又抽象的夸张的颜色，从而呈现出了画家内心所期待的绘画，一种超现实的、具有典型新疆元素的迷人精神空间。

刘建新自己说："我喜欢质朴的民间造型与色彩。"

刘建新很多绘画作品有效体现了他的这一理念和愿望。2006年，新疆人民出版社出版的"新疆肖像文库"绘画卷《沙漠玫瑰》，是新疆半个多世纪的绘画作品精选本。该书同时选用了刘建新多幅作品。其著名绘画《早春》被该书编辑选作扉页和目录的装饰绘画。图书出版发行后，产生了极佳反响。

刘建新教授现在是新疆师范大学硕士研究生导师和新疆师范大学美术学院绘画系主任。

维吾尔族画家买买提·艾依提1944年出生在南疆喀什市，但他的绝大多数时光是在乌鲁木齐市度过的。他是这座年轻城市里的诸多维吾尔族移民之一。与很多其他人不同的是，他以画笔言说——用笔和颜料来倾诉内心的悲欢与期盼，以及关于土地和生命的热爱。不光如此，买买提·艾依提还亲手把自己的一对儿女分别培养成了雕塑家和画家。

走在新疆的路上，总有一些饱满的阳光般的物质及物质以外的东西撞击着你。

这些物质可以是庞大的、粗糙的和立体的，也可以是细微的、窄面的，甚至是看不见的。但它却是强大的和尊严的，具有重大的精神力量和"可怕的美"。就像缘自时间深处

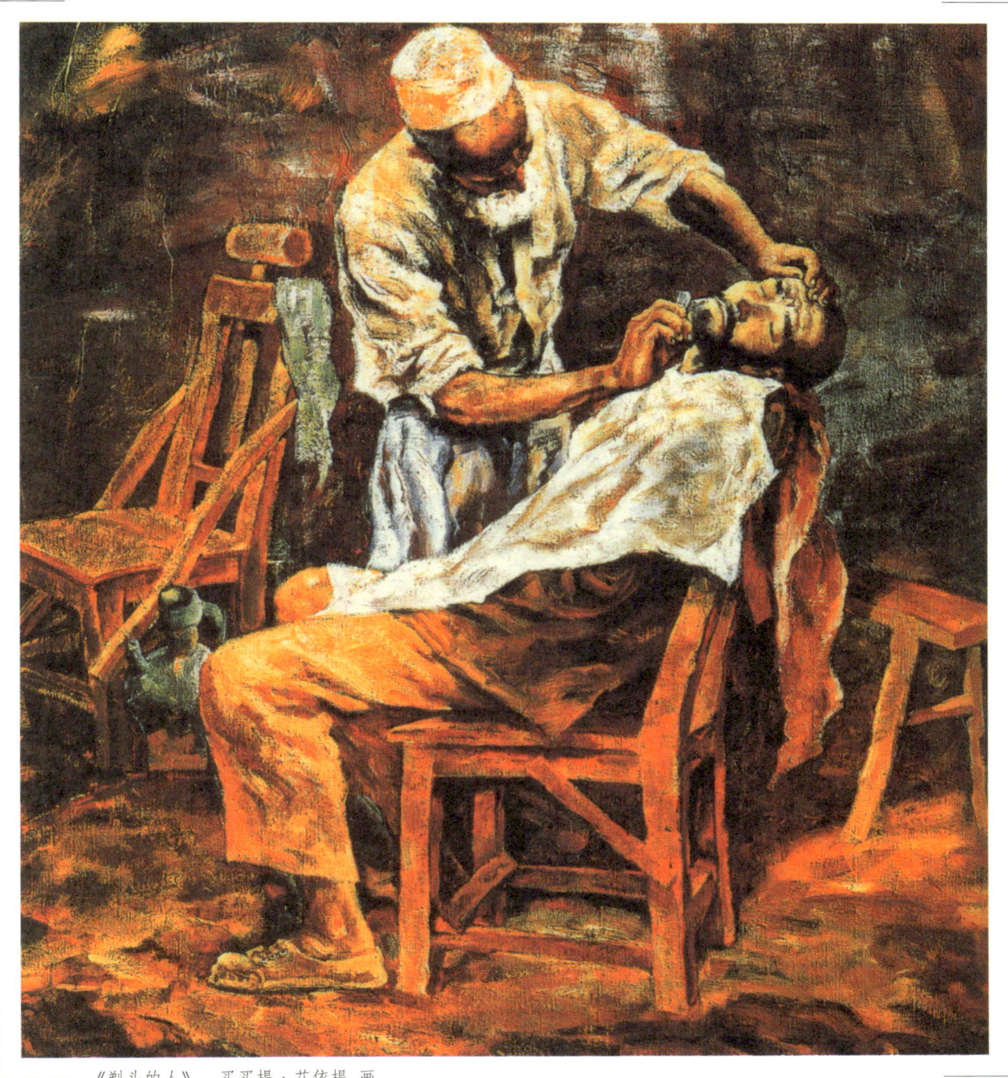

《剃头的人》　买买提·艾依提 画

又划过天山上空的一束光。

买买提·艾依提的油画，就是以光的方式，诚挚而凝重地逼近我们。

在这里，抒情是他有效行进的方式。艺术地表现，一步一步往高处走。买买提·艾依提先生用感觉和心走世界。通过眼睛和笔触摸生命。

第一次看到油画《狂热的沙漠》时，一种难以抑制的激情瞬间攫取了我。这是一种大欢乐。狂放高亢，忧伤而流畅，充满了生命的热情和硬度。活着的歌声和古老的手鼓声海一般蔓延开来。你会觉得，你的心会不由自主地随着那鼓声律动起来。仿佛进入一片洪荒地带，你不能不进入，不能不舞蹈或放歌。

黄金般的画面、向上的手臂、手鼓及头颅……火一样茂盛着。这让人不由地想起了凡高的《向日葵》。就本质而言，两者的情感体验和精神质量是血脉相连的。

作为当代中国第二代优秀的维吾尔族油画家之一，买买提·艾依提走过了一条艰辛而踏实的艺术创作道路。

1944年在南疆重镇喀什市出生的时候，他做工人的父亲和当小学教师的母亲或许还没有让他当画家的明确意识。倒是9岁那年，也就是在喀什市第六小学上学的时候，他突然开始画起了画。

该小学是前苏联驻喀什领事馆当时筹办的学校。俄罗斯人非常注重学生的美育教育。艺术的种子很早在买买提·艾依提童稚的心里发芽了。

童话动画电影《小金鱼》给买买提·艾依提产生了决定性的影响。53岁的他回忆起那部动人影片的时候，许多精彩镜头仍历历在目。“每个镜头都像一幅画。”

上中学时，美术老师艾买提·拜合提给他启发很大。1960年考入新疆艺术学院美术系后，哈孜·艾买提、杨鸣山、刘开基、龚建新等画家和老师又给了他重要的艺术知觉和能量。

数十年的南疆生活给买买提·艾依提提供了良好的创作母土。他尽情地吮吸和发展着，凭着一颗善良的心去体会，全力拓展和推进自己。他画过歌颂红太阳的画和大跃进的壁画，学过雕塑，并屡遭“有成名成家的资产阶级思想”式的批评，但他更多的时候却是在延伸关于艺术本质生命的追问。

买买提·艾依提的创作道路可大致分为4个阶段：早期受恩师哈孜·艾买提影响，带有批判现实主义倾向。如反映早婚和辍学现象的作品《早秋》(1981年)、《织毯女工》(1983)等；1983年后，画中的批判倾向转向了对乡土生活的深情描绘。代表作品有《初春》《山里人》和《狂热的沙漠》等；进入1990年代后，因对古典绘画发生兴趣，《鹰笛》《老巷》等一批笔法细腻的风情画出现了；近年来，画风明显体现出了强烈的生命意识和思想性，作品内容具有了较大的涵盖量，艺术性日益精湛和成熟。代表作如《生命与死亡》《塔吉克妇女》和《交谈的老人》等。

事实上，买买提·艾依提的4幅《摇篮》系列油画，就是其艺术创作风格嬗变的集中体现：由批判到抒情，由追求主题和情节变为追求深刻的生命内涵。时间成为发展的直接见证者。

艺术作品的风格表现和精神抒发，是艺术家生命体验过程的独特表述，也是艺术家灵魂的吟唱。

《自画像》 迪丽努尔·买买提 画

在新疆这样广大而文化丰厚的地区，对油画材质本体美感和画面量感的狂热偏爱，使买买提·艾依提表达自己的内在真实有了可触摸的依据。精神体验通过材质的自然流露，使得日益沉重的心理负载得到相对的缓解，也使材质本身具有了精神的张力。

买买提·艾依提的许多油画作品都具备了经典意义。

比方说《剃头的人》。在今后的任何时期，他都是买氏作品。这就是艺术品的魅力所在。最重要的还在于，买买提·艾依提以独特的精神高度，凭着现实而浪漫的笔调，在一个简单而平实的画面上，大大方方地构建出了人物的永久生命。

剃头是一门手艺，也是劳动者朴素的美的尽情张扬。画面上的剃者或被剃者，他们所表现出来的专注乃至陶醉，令人感动。

人类感情真是一个充满矛盾而又博大精深的动态世界。看一幅画能否从其描绘的对象中升华出一种启迪心智或净化灵魂的意义，最重要的是要看作者的抒情角度和厚度。

看过《生命与死亡》这幅画的人，绝不会仅仅以"歌舞之乡"或"瓜果之乡"而自豪新疆了。因为我们还有更强大的精神，有不可一世的人或树。

这是买买提·艾依提1995年沙漠之行的结果。一棵被时间之手盘剥了所有皮肤的胡杨树孤傲而坚定地"活着"。表面古怪，但内质非凡。就像一位沙漠居民，像一张饱经风霜的脸。枝、叶、皮都没了，可它却在画家笔下活着，并充满了生命意义。

这就是艺术的威力。

在那片丰实而坚定的土地上，在辽阔的蓝天下，在画家心里，一种蓬勃的生命生长着。

一种强大的声音回响在他笔下。

那声音中一定含有金属的脆响以及阳光的质量。

蒙古族青年女画家卓娅的作品我也很喜欢。但最早认识她的却不是她的画作，而是她的歌声。

在乌鲁木齐的一些夜晚，我们围在一张巨大的餐桌前，听蒙古族青年女画家卓娅唱歌。

卓娅起身关灯——所有的灯都关了。我们一下子坠入黑暗，坠入卓娅的歌中。

那是怎样感人的歌声呀！如梦如幻，柔情似水。每个音节都像一长串露珠，清洁而润滑地滴落在每个听者心头，哗啦一下披散开来，洒向身体的所有要害部位。

听卓娅的歌你会发现，你不知不觉就被某种情绪或物质给缠住了。你发现你再怎么用力也拔不出自己。最后索性不拔了。任凭感觉的溪水哗哗而去。任凭辽阔而深情的海水涌荡而来。捉住并淹没你。托举或击倒你。

卓娅的歌声就像她的梦态的女性题材绘画——温婉、随意、缥缈和纯净。蒙古人的一滴血浸透至画面的各个部分。中国古画的情调时刻在她的笔端荡漾着。使她居于阴柔的中

《粉红色的记忆》　卓娅 画

央。并时刻在真幻、有意识与无意识及古典与现代之间游荡。

人真是奇怪呀！一个人能写出什么样的字，他就可能是什么样性格类型的人。同样的，一个人的绘画作品、字迹、性格、气质及脸形等，也许与其歌声有着密不可分的联系。

卓娅的作品多是典型的女人画。不仅是她的画作主人公基本上都是女人，而且是她的绘画风格为阴柔类型——那种仙境中的如梦似幻的女性群体形象。加上由女人来创作，因而形成了卓娅特有的女性世界。或者说，卓娅通过作品建立起了自己的女儿国。

卓娅的画具有某种日本画的韵味，又有中国古画的情调。既有我们蒙古人的一滴血在

《状态之二·听歌》　卓娅　画

画里人物的精神气息中浸染，又有蒙古贵族血统在人物眼神中的传递（卓娅是蒙古贵族的后裔）。她的水粉画、国画大多数画的是裸女，还故意夸大乳房、柳腰、肥臀和波浪似的长发等，但却丝毫不淫邪。她似乎有意注入了佛教的某种宁静吉祥的色彩，但又似乎不是。因为很多绘画人物身上又有一种宁静的狂野和柔美的张力。

有人说，卓娅的画里有一种巫气、鬼气、灵气、阴气和仙气。也许哪种说法都不为过。或许她的画作就是所有气息的综合体。当然也可能哪种说法都不对。她是依照自己的感觉方向行进，依照心灵的路走，走到哪里就是哪里！

卓娅说："我来这个世界的主要使命就是画画。通过画画追求一种纯净而美好的境界。"

她做到了这一点——纯净而美好。她的画中人物几乎不带一点人间烟火味，是一种完全非人间性的梦幻境界，也可以说是童话境界。

我宁愿认为，卓娅的绘画具有乌鲁木齐特有的自由自在的奔放气质和给人丰富想象的超时空感。那种大胆的意象、圣洁的画面、女人和女人之间及人与花草鱼虫之间一尘不染的干净关系等，看得人心存感激，欲罢不能。那些无处不在的鱼，长在天空及周身的眼睛，长在脖子上的孔雀羽毛或树枝，披挂在头顶或丰臀上的花环，飞行的乳房和四肢……这一切构成了一个非同寻常的艺术空间，从而使卓娅的绘画具备了不可抑制的后现代愿望，并给她们的创作提供了无限的变幻可能。正是这种变形的符号的任意飘飞与组合，形成了卓娅绘画特殊魅力——那种仙境中的美以及美中的仙境。

卓娅说："一个法眼，一个具有神秘力量的洞穴，将所有的色彩都吸去。一切都沉寂下来。"

卓娅说："我依旧独自坐在黑暗里，身边是一朵盛开的向日葵，青绿的花瓶里没有一滴水。那朵花依旧厮守着最后的灿烂。一束光从天的尽头射出，罩着我纷乱的发和我削瘦的身体。我是透明的，通体透明的。我可以看到我微红的整齐排列的骨骼，可以看到一条条细密的河床般流淌的血管，可以听到隆隆的雷鸣般的心跳，可以看到张扬、奔放而自由的思想。我斜睨着我奇妙的身体。我吃紧，我感动，我感激，我流泪。"□

卓娅说："我是梦幻使者。我用我长满绿芽的长发触摸你们。这个蓝色星球上，凡我的触角能够触及的地方，每个角落我都不会放过。这是我的使命。我是梦幻的精灵。我的梦幻是一朵朵沐浴阳光的蓝色小花。它们将在任何一个地方、任何一个时候迎风开放——开放在所有梦幻者的心里。我追逐着梦幻的呼吸，梦幻的心跳，梦幻的歌声，让所有的美丽填满所有寻梦者精神的家园。为此，我将忘记所有的眼泪所有的委屈和所有的愤怒，并向所有曾经伤害过我和爱我的人们致敬。……我小心地剔除心灵的荆棘，害怕它们伤害我的友人和身边的人们。我做这些时是如此的轻盈，生怕我的粗心惊醒了天那边熟睡的人们。"

看卓娅是怎么说的——这对我们有效理解卓娅的绘画有好处。她具有一双婴儿般的眼睛，并用这双眼睛观察及感受世界。这使得她的几乎每幅画作都拥有一种天使般的气息与光泽。而这种气息与光泽与我的妻子萨仁是多么相像啊！所以，每次谈论卓娅的绘画时，萨仁都只许我说好听的，而不让我说风格单一或艺术质感和冲击力不够等不中听的话。我想这不难理解。一方面，我们都是蒙古人，这里面有一种强烈的不容怀疑的同根同祖的民族情感问题。另一方面，萨仁和卓娅在很多方面气息相通，即使从未见过面，她们也会彼此喜欢、爱慕和尊敬的。

三位画家分别来自汉族、维吾尔族和蒙古族，从年龄上讲，是老中青三代人的结构组合。他们的作品从不同的角度表达了自己的深度感情，以及对于我们脚下这块大地的爱。

就我本人来说，虽然只是冬天在这里度过，但我还是很高兴能与他们生活在同一个时代和同一个城市里。我相信，有这些出色的画家以自己敏锐的心灵观照我们的城市，以及观照我们的疼痛与忧伤，我们就不会孤单。我们的生活就会温暖，生命就有方向。

E.名　字

植物是怎样获得自己的名字的？这个名字到那个名字之间，是不是有一根无形而牢靠的隐秘桥梁？秋天，望着乌鲁木齐大街小巷中堆积如山的鲜美葡萄或石榴，我在想，每一粒葡萄或每一个石榴是否知道它们叫葡萄或石榴？我们每叫一声葡萄或石榴的时候，这个名字是否通过我们舌尖的发音进入了它们的耳朵或内心？

此外，我们知道眼前的精美果实是吐鲁番葡萄，那么，别人看到它们时该怎么跟它们打招呼？他们也会葡萄葡萄地喊它们的名字吗？

4个来自不同城市的人结伴旅行，途中得到一个第纳姆金币。他们来到一个类似乌鲁木齐这样的地方后，看着满街亮晶晶的新鲜葡萄，不禁垂涎三尺，动了买欲。

于是，其中的波斯人说："我建议用这枚金币买安古尔！"

阿拉伯人说："我不要什么安古尔，我只想买艾纳伯。"

突厥人说："买什么艾纳伯呀？我想买的是乌朱姆。"

罗马人则说："不行，你们要买的东西我一样也不要。我要买斯塔菲尔。"

后因意见不统一，4位旅伴怒目相向，以致扭打在一起。

后来，一位智者出面干预说："你们真是愚蠢啊！安古尔、艾纳伯、乌朱姆、斯塔菲尔，分别是波斯语、阿拉伯语、突厥语和东罗马语中葡萄的发音！你们4个人要买的其实就是同一样东西——葡萄。只是你们每个人只按照自己的语言和发音出发，而根本不考虑别人的方式与习惯，因而造成现在这种结局。赶紧消除误会与隔阂，和好如初吧！"

4个旅伴因各自的无知而羞愧难当。

他们都过于相信自己对葡萄的命名了。对于事物其他异彩纷呈的表现形式和特质，却没有或极少顾及，因而造成了难堪的局面。

这是波斯诗人鲁米讲过的一个关于植物名字的故事。

鲁米的愿望是希望众生灵正确认识名字的问题，尽力消除纷争和隔阂，和谐相处。他还动用了《圣训》中先知说过的一句话："众信士犹如一个人。"他希望大家都变得像慈母一样温顺。他甚至呼吁人们寻找真主的使者苏莱曼。因为苏莱曼受真主派遣，懂得了鸟兽

这是一棵果满枝头的桃树。除了桃子之外，它还有没有类似于葡萄的名字

的语言，使鹿豹亲近，鸽子不担心鹰的突袭，羊不必回避狼群。智者使世界一片祥和。

有很长一段时间，我一直觉得鲁米在给我们讲一个葡萄的故事。或者是讲关于名字的故事。最多也是一个关于走出愚昧、向智者看齐的说教故事。后来有一天我突然意识到，事情远非这么简单。鲁米自己就是一位伟大的智者。葡萄这个名字的故事，实际上是诗人站在700多年前的波斯，讲给我们的一个类似于通天塔的故事。由于人们语言不通，隔阂愈来愈深，通天塔永远无法建成。而一旦误会与隔阂消除，通天之塔的建成就是一件早晚的事情了。

现在，我想讲另一个关于植物名字的故事。这个故事来自冰岛。

一位农民因事去求国王。国王拿一把种子给农民说："把它种在没有土的土地上，长出榛子后，我将满足你的要求。"

农民垂头丧气地回到家里。他的女儿听完事情经过后，来宫廷觐见国王。

这位姑娘撩开衣襟，对国王说："陛下，这就是在没有土的土地上长出的榛子！"

国王惊异于女孩的聪慧与勇敢，或许也惊羡于她绝美的双乳，答应了她父亲的请求，并娶她为妻。

榛子是榛树上结的球形坚果。果仁可直接食用，也可以榨油。在很多地方，人们以榛

这些围着篝火跳舞的人是谁？她们的名字是什么？她们的榛子将在哪里生长

子比喻成熟女人的乳头。

显然，这是一个充满想象与美好感情的绝佳故事，苦难、勇敢、传奇、圆满诸元素尽含其中，令人爱不释手。而更具魅力的还在于这个精美的比喻。

深褐色中含着玫瑰色调子的乳头，浑圆而静穆，是每个人来到这个世界上后第一个要寻找的东西。可以说，乳汁是一条真正意义上的圣河，是全部生命的方向和依靠。《圣经》（雅歌）中说："你吮吸了我母亲的乳汁，便是我的兄弟。"

对于异性而言，乳房以其难以言喻的神秘之光与神圣之美，成为几乎每个男人穷其一生也无法逾越的险峻大山。难怪爱默生爱说："圆，是世界密码中最高级的符号。"

此番情形下，用榛子来形容女人的乳头，实在是一种极端准确、质朴、诗意而美好的事情，其恰切和美丽程度足以让人突然间体会到世界之光及尘世间所有微不足道的幸福。

现在我们发现，榛子这种植物——不知不觉间似乎拥有了两个名字：榛子和乳头。或者说，两种物质（榛子和乳头）突然间共同拥有了一个名字：榛子。这其间微妙的相互作用与联系，谁能真切体会得到呢？

每当我们说起花这个名字的时候，我们首先想到的是一种灿烂而明媚的形象，那种鲜活和艳丽得令人心颤的美，以及纯洁、热切和生动得无与伦比的青春，还有那种恣意弥漫的醉人的芳香。

事实上，在古代汉字里，花这个名字就像它的实物一样美丽。花的象形文字——猛一看，就是一棵怒放着花朵的大树。我们的造字先辈们早已经以命名的方式建造了自己心中的鲜花之美。或许可以说，花以自己特有的文字样式，为自己的名字，也为一切喜欢花的目光实施了爆破式的绽放。

花开在各自的季节里，也开在每个人的心里。

那么，花和自己的名字之间达成了怎样的默契呢？花是否一眼就能认出呼唤自己的嘴唇？在所有的季节里，花依照渐次开放的办法，向我们传递并展示时间的奥秘。这些时间的波纹，早已刻进人们记忆的湖底。

每年冰封大地的时候，乌鲁木齐人已在心里做起了鲜花美梦。他们期待着到100多公里以外的吐鲁番盆地去观看当年盛开的第一树杏花和桃花，到阿克苏或库尔勒等南疆地域去观赏香梨花和石榴花。5月中旬，伴随着天山雪水的汩汩涌流，花中女皇——玫瑰逐次怒放。这种5000年前盛产于中亚大地的鲜花，几乎一夜之间开遍了乌鲁木齐市的大街小巷。接着，到五家渠看郁金香、到南山看王不留行、到周边村镇看沙枣花的人们也涌出城市。6月上旬，乌鲁木齐人去南山看星星草、花葱、贝母、野兰花，7月去赏看麦娘开花，8月去看天山草原野罂粟开花……这些五彩缤纷的花呀，以其千姿百态的形状，以其精彩

每年冰封大地的时候，乌鲁木齐人已在心里做起了鲜花的美梦。比如关于这朵雪莲花

绝伦的花萼、花瓣上的纹脉，向人们展示时间的相貌和秘密。而颜色本身就是值得倾听的音乐呀！这些鲜美的色彩和香味已经点燃了四季。

美国作家蒂尔说：科学家只要从窗口看一眼哪种植物开花，就能知道白天的时间。他说，大自然的律动变化无穷。他坚持认为，远在我们发明及制造钟表以前，甚至远在我们用沙漏和水钟来分割时间以前，花已为热衷于表达时间概念的工匠们提供了伟大的样板。不仅如此，愈美的花，在世间停留的时间愈短；愈香的花，其体形愈为小巧精致——沙枣花、丁香花、茉莉花等，莫不如是。

有人说："每当我回想欢乐的时候，就认真地辨认每一个正待开放的花的蓓蕾。"他的意思是：花的蓓蕾里蕴含着生活的奥秘及无穷的意义。它任何时候都可能开放，我们必须小心而诚挚地在它身旁等待。我们必须等待一个名副其实的醉人时刻！

在这里，花，花的形状和颜色，花绽放的时间和香气等，都与其名字，以及这个名字在我们心中圣洁而美好的位置，构成了一种自然而然的伟大关系。可以说，花已经成为我们这个世界及我们生命中的重要组成部分。花的名字已深深地刻写至我们的血脉之中。

除了植物，地名同这个地方的隐秘联系同样难以言喻。

一次，意大利米兰市市长以欧洲人特有的浪漫情怀和悲悯意识，向全球所有拥有米兰这个名字的城市发出倡仪，希望每一个米兰城市联系到一起，建立米兰同盟及友好城市，以便互通有无，密切合作。新疆塔里木盆地东部罗布泊地区的米兰古城，也成为这位意大利市长的呼唤对象。尽管米兰古城现在已沦为一个农场——兵团36团场所在地，但意大利人还是顽强地找到这里，并按照其愿望同这个沙漠农场建立起了友好关系。

这就是名字的力量。

仅仅因为相同的名字，世界上原本互不相识的城市走到一起，并成为挚友！谁能说得清这些城市之间隐秘的相同细节和看不见的血缘关系呢！也许它们原本就是拥有共同母亲的孩子，由于时空的关系，不慎走散了。今天，有人心怀一种崇高的使命感，通过书信、传真、电话或电子邮件的方式，让大家重新相认，并回到一起，成为一家人。而母亲起的米兰这名字，就成为这些孩子（城市或农场）彼此相识的唯一标识，成为血脉相连的神秘密码。

同样在塔里木盆地，其南部的和田地区，据说因为名字的关系，几乎变成《圣经》中的圣地。

一位名叫钟林的学者，在其所著的《丝绸古道旅游》一书中说，和田就是《圣经》中所说的伊甸园。理由主要有5个：

1. 和田汉代时叫于阗，而于阗就是伊甸的另一个发音。

2. 《圣经》中记载伊甸有4条河流。而我国的《山海经》记载，于阗也有4条河流，即今天的尼雅河、克里雅河、玉龙喀什河和喀拉喀什河。“而北流注入泑中，“泑水”就是塔里木盆地北部的塔里木河。神住在帕米尔高原上——天堂。神“在东方的伊甸建了个园子” ——于阗位于帕米尔高原以东。所以，于阗理应是伊甸。

3. 塔里木河漂流探险证明，诺亚方舟的漂流地就是塔里木河。此外，世界上再没有比塔里木河更相似于《圣经》中的描写了。

4. 用精神分析心理历史学的方法推测，“善恶树”的故乡在和田地区，善恶树就是葡萄树。

5. 塔克拉玛干一词有“过去的家园”的意思。而过去的家园理应是伊甸园。

无论学者们的理论依据和判断结果如何，伊甸与于阗这两个名字间的神秘联系，的确让我们异常震惊和激动。

《圣经》是目前全人类历史上发行量最大的书籍，也是世界上很多人的精神依靠。假若这件事是真的，那么我们的和田就不仅仅只是和田了。这个汉唐时期的佛都，以后又改信伊斯兰教的地方，必将引起整个世界的高度关注。即使仅仅是学者们的一种猜测，那么，名字与名字之间我们无法看清的隐秘而强大的某种联系，还是令我们产生了无限遐想。它至少告诉我们，所有的名字都不是随便起的和叫的，每个名字都有自己一整套神圣的密码与渊源。

我们居住的乌鲁木齐位于天山北部。这个美丽城市的名字密码在哪里？

乌鲁木齐是蒙古语中“美丽的牧场”的意思。在一千多年的沧桑岁月里，这个三面环山的城市先后拥有过轮台、西海、迪化、巩宁城等名字，1949年12月1日成立迪化市人民政府。由于迪化中的“启迪教化”之意有歧视少数民族兄弟的嫌疑，所以，1954年2月1日停止使用迪化这个名字，恢复使用乌鲁木齐之称谓。

这些名字像一个个同胞胎的兄弟，淌过时间的河水，手拉手从历史深处走来。每个名字上都沾满了当时的露珠和灰尘，沾满了各个时代呼喊它的声音与气息，也同时沾满了花香和马粪味。这些名字像乌鲁木齐市曾经戴过的一顶顶草帽，也像一个个把手，被文书、官吏或商人们用鹅毛笔抓住，在诸多纸张上摇来晃去。当然，这些名字更像是一个个音符，被一代又一代波斯人、阿拉伯人、中土人或奥斯曼人放在唇齿之间，用舌头搅来搅去。他

这是一株红柳，还是几株红柳？花的名字已深深刻写至我们的血脉之中

们亲切地呼唤着轮台、迪化及乌鲁木齐，也使这些名字在各自的记忆里咆哮或安睡。

新疆有多得数不清的榆树沟、石人沟、东戈壁、大湾、头道梁子、杏花村、五棵树等地名。也不知道这个榆树沟村是否知道另一个或另外许多个榆树沟村的存在？这个村里的榆树或石人，会不会想到同另外一个村里的榆树或石人说话？我想，名字已经使它们之间建立起了某种秘密的联系。只要愿意，它们总有办法跟别的树联系上的。用树自己的语言方式说话，或者通过风、空气、香味，以及通过阳光或时间来说话。一个村子大声呼喊另一个村子，这里的榆树跟那里的榆树约会。一切都是合理的，可能的，必然的。它们拥有共同的村名或乡名。只需要张开嘴巴，它们一下子就能喊到对方，找到对方。碰到沙尘暴来临的时候，它们也及时给对方通风报信，并在站稳自己的同时，鼓励对方挺住。沙过天晴时，它们站在各自的位置上放声大笑。笑啊！也许一笑就是一辈子。

那么，人呢？200多万人口的乌鲁木齐市，以及13亿中国人或60亿世界人口中拥有相同名字的人之间，是否一直都拥有某种秘密又默契的关系呢？如果像米兰市市长那样，把这个世界上同名同姓的人招呼到一起，并建立起必要的联系，那么，这些人会发生怎样的事呢？假若不是同名同姓，而很多人都特别想拥有同一个姓名，那他们是否可以像做变性手术那样更换到另外一个他们盼望已久的姓名呢？人是复杂多变的。我实在想象不出这些变更名字以后的很多人的很多可能。

一位名叫乌申绪的人写过一本题为《文字之谜与谜之失落》的书，讲述纯粹的东方人、胡儒非教派的创始者法兹拉勒的故事。

书中说，一次，法兹拉勒梦见一对戴胜鸟、所罗门先知和他自己。正当两只鸟站在枝头，看到所罗门和法兹拉勒在树下熟睡时，两个人的梦境突然融合为一。于是，枝头上的两只戴胜鸟也融合成一只鸟。

还有一次，他梦见一位托钵僧来到他关闭的洞穴里拜访他。令人惊奇的是，没过多久，这位托钵僧果真来访。这时，法兹拉勒才知道，原来，这位托钵僧也梦见了他。他们在洞穴里共同翻阅一本书，并在文字中看到了各自的名字和脸。当他们抬起头端详彼此时，竟然发现对方的脸上都写着书中的文字和自己的名字。

于是，法兹拉勒一边给人解梦，一边从一个城镇到另一个城镇传道。他不停地告诉人们，这个世界充斥着许多隐而不察的秘密。若想探究它们，就必须先理解文字的奥秘，特别是每个名字的奥秘。

法兹拉勒说，当每样东西从虚无跨入物质世界时，都会发出一个声响。因此，声音里存有和虚无之间的界线。拿两个最没有声音的物品互相撞击，就足以让我们领悟到这一点。

法兹拉勒曾梦见自己的死亡，后来也如做梦般地走向死亡。他被控散布异端邪说——

崇拜文字、名字、人类、偶像而非真主，宣称自己是救世主，并相信自己的幻想，因而被处以吊刑。他的继承者、诗人内扎米也坚信整个世界充满了秘密，尤其喜欢以名字为主要内容的文字游戏。他能够在两行诗句中，把情人脸上的一个器官和一颗美人痣比喻为一个字母和一个句号，把这个字母和句号比喻为海底的一块海绵和一颗珍珠。把他自己比喻为一个愿意为珍珠而死的潜水员，把这位主动潜入死亡怀抱的潜水员比喻为一个寻找爱人的神祇，接着又回到原点——把他的情人比喻为神。内扎米也被剥皮而死。而诗人之死却促使其教义迅速散播开来。

在这里，名字或文字同时体现出了某种诗意而神圣的光辉。自己的名字在对方的脸上呈现，情人以一颗痣的形象在我们心里蕴藏，并最终成为心中的女神。不同的人做一个相同的梦，并同时在对方的梦境里出现。由于梦，或者因为名字，两个人也许可以合而为一——这就是我们生存的世界。这里遍存着秘密。每棵树上都结满了智慧的果实。我甚至在想，如果母亲所说的我的双胞胎哥哥真的存在于乌鲁木齐的话，那么，他的脸上也许早已刻写上了我的名字。通过名字，我一眼就能认出他，并喊住他。

香港导演吴宇森的电影《变脸》，1997年成为美国电影票房冠军——突破1亿元大关。这是一部极具戏剧性的迷人影片。疯狂的罪犯特洛伊举枪瞄准联邦侦探阿切尔时，却打死了阿切尔的儿子。阿切尔向妻子发誓，一旦复仇成功，就告别警探生涯。为了找到将会给洛杉矶带来巨大灾难的神经毒气弹，阿切尔通过变脸手术，变成特洛伊。而罪犯特洛伊也换上阿切尔的脸，并杀掉所有知情人。于是，特洛伊取代了阿切尔在联帮调查局的位置，并取得了阿切尔妻子伊芙的信任，还想占有阿切尔的女儿杰米。阿切尔则被打入地狱，终身监禁。危及关头，阿切尔越狱成功……这是一个经典的名字与脸的故事。或者说，名字与脸的故事在这里被讲述的淋漓尽致，入木三分。名字与命运、名字与生活、名字与身份、名字与脸、名字在真实世界中的价值与作用等，都被吴宇森通过镜头语言，极端艺术地呈现出来。

名字就是命运啊！

说起花的时候，我们必定感到某种美好、柔软而娇嫩的世界形象。说到坦克，我们会想到一种结实而无坚不摧的战争武器。而拖拉机总让我们想起一个连拖带拉的铁家伙。与此同时，希特勒、斯大林、毛泽东、周恩来、卡夫卡、鲁迅、沈从文等人，只要说起他们的名字，即使从未见过这个人，我们也能想象到他们各自的形象、特点与命运。最重要的是，我们想象的形象与这个人的整个气质与最终命运都相差无几。你说这多厉害，也是多么神奇呀！

乌鲁木齐的名字早已刻写在城市的脸上。

如果于阗真的是伊甸，如果葡萄树真的是善恶树的话，那么，乌鲁木齐和整个新疆都长满了这种树。也许波斯人、阿拉伯人、突厥人和罗马人再也无需争执了。去个乌鲁木齐人点拨一下，或者把他们请到这里看一眼葡萄，也许一切问题都迎刃而解了！

乌鲁木齐是一个融合多种语言、多种文化和多种名字等非凡气质的城市。全城48个民族的人群拥有48种名字或语言方式。48个民族就是48个花朵，以及48种关于名字的方向。

看着这么多挺拔干净的白桦树健康浪漫地长在这里，我们感到能够活着，活在它们身旁——真的不错

6 时间之美

即使在冬天，每过一段时间，我都会爬上红山，看一看红山塔。要是时间长了没去看，就会觉得心神不宁，有一种空落落的失重感。

是的，看红山塔让人心里很踏实，也很舒服和宁静。看一眼红山塔，再看一眼乌鲁木齐东部高耸入云的博格达雪峰——看看这些东天山上静穆冷峻的伟大头颅，你会感到一种伟大的安慰。仿佛红色的实心塔和光芒四溅的万年雪峰也用幽深的目光望着你。一种空前的安宁感会瞬间淹没你。

这是一座9层实心红砖宝塔。塔基高1米，塔身平面呈六角形，塔顶有重叠宝葫芦形陶瓷塔尖。这座10多米高的塔高耸于海拔910米的虎头峰上。虎头峰西端绝壁断崖，峥嵘险峻，整个山体呈赭红色。

1788年到现在，红山塔已直着身子在红山顶上站了整整220年。200多年的时光，塔看见了多少生命的细节和世事风云啊！塔满腹心事，满眼辛酸。

那时候，到新疆云游的兰州道人悟元子给红山看了风水，乌鲁木齐都统尚安派人修建了这个红塔。而这一切已经是乌鲁木齐市正式建城22年以后的事了。

暗红色。时间的颜色。220年的光阴已刻写进了塔身，刻写至每一块砖头的肌体和缝隙之中。它们呼吸着每个日子，又诉说每个日子。它们接收光芒，又挥洒光芒。以实体的方式站着，沉默地言说，无声地呼喊。喊到最大的声音时，就让声音彻底消失。塔以端正站立的方式，变成时间的幽灵。而红砖一直肩并着肩。所有的砖变为同一个砖，所有的呼喊变成同一个喊声。

活了这么久，你害怕吗？我每次去看的时候，你的周身变得酥软和模糊了。比如，红砖的棱角已经消失和正在消失，每级塔层的阶面也被持续风化及磨损，甚至整个塔身都在被时光剥落、侵蚀和缩小。你像一个干巴老头，皮肤松弛，个头变小，深陷时间的黑洞，无以自拔。你禁受所有时间的磨打，禁受风吹日晒、沙尘袭击、严寒摧残，以及强烈地震的摇荡。但无论如何，你坚持在这里，艰难而坚定地站着。你接受一双又一双目光的打量与触摸，也回望给每双眼睛同样的目光。你迎接每一代观赏者，同时也无声地送走他们。

正是这些斑驳的砖面，让我们深切怀念数百年前建塔者的手，他们搭建在红塔四周的木梯，以及他们看向手里红砖头的每一缕目光。正是这个被风沙磨打得有些圆润和苍老的塔身，让我们一眼看见了时间。看见了时间的脸和沧桑岁月，同时看见了时间的重量及质量。而通过时间，我们又看见了一种踏实的情感，以及坚韧和坚定的生命。

现在，红山塔是乌鲁木齐市的标志性建筑。它是一种图腾，像乌鲁木齐人的精神阳具，日夜挺立在城区的最高处，守护着人们，也被几百万乌鲁木齐人守护着。一天又一天，这座红塔以仁慈而宁静的目光，给每一位乌鲁木齐人带来无尽的希望和祝福！

这既是时间之美，也是时间的力量。只有在这种力量之中，我们每个人才能走得稳当又健康。

就我本人来说，我喜欢看满身蘸满时光碎屑与风霜痕迹的红山塔，喜欢看到这种来自时间深处的幽暗光芒，以及塔所呈现的正直、高贵、坚定和无可动摇的品质。塔几乎一句话不说地说出了一切！这多厉害。在这种坚忍不拔的伟大而高贵的形象面前，我们的一切忙碌都是无效的。我们这些喋喋不休又俗不可耐的人群过于委琐。我的倾其一生也活不过

新疆奇台县城隍庙。每逢干旱少雨的季节，当地人都会来这里祈云求福，呼风唤雨

这是典型的新疆伊斯兰风格的米合拉甫拼花砖。它们使新疆建筑繁复、精美而富有梦幻感

一座塔。——无论在时间刻度上，还是在现实世界和精神领域，我们都是个小矮子。

我的意思是，一座魅力无边的建筑摆在那里，可以以其时间的光芒和精神能量，一声不吭地打败我们。我甚至固执地认为，红山塔的面容之美，超过了乌鲁木齐所有小丑或所谓的英雄的脸。塔的高度高过所有的高！

现在，大家习惯上都称乌鲁木齐为现代化都市。这一点没错。由于城市的急剧扩张和现代化进程的高速度推进，人们都在手忙脚乱地修房子、奔小康，至于城市建筑的人文特点、个性魅力及美感等问题，似乎一时还顾不上。

一方面，我们为人们的富裕梦而高兴。另一方面，我们又为人们在慌慌张张的加速度忙碌中的美感缺失而遗憾。很想说，这种毫无建筑个性和特点的乌鲁木齐我们不要。但我们的声音太微弱了。加速度的所谓现代化的洪流及滚滚车轮听不到我们的呼喊。这有点像面对自己无可选择的生活——我们一边拒绝、挣扎和愤怒，一边无可奈何地面对这些高楼大厦，甚至我们每个人都得住进这种千楼一面的钢筋混凝土方块楼里。这实在是一种无奈又悲哀的事情。

事实上，除迷人的红山塔外，乌鲁木齐曾经是个建筑艺术极其丰富的地方。刘荫楠先生在两卷本的《乌鲁木齐掌故》一书的第一部分，几乎全部在讲述乌鲁木齐昔日的建筑之

哈密被称为新疆东大门。哈密王陵同时兼具汉、藏、伊斯兰和地方建筑风格

美。乌鲁木齐老城的建筑艺术、边城木结构的古建筑审美、老红庙子、城隍庙、老文庙、红山嘴子……这是该书前几篇文章的标题。

在第一篇文章《乌鲁木齐老城的建筑艺术》中，刘荫楠通过方位、规划、水运、气象、地理、经济、军事等方面，讲述了清乾隆三十一年（1766年）开始修建乌鲁木齐城以后，城市建筑艺术的不断发展完善情形。他说，那时的乌鲁木齐城区分城里和关外。城里是一个周长约8公里的正方形城池。四周的城墙上有4个正门，即东边的惠孚门、南边肇阜门、西边丰庆门、北边景惠门，还有小东门、小南门、小西门3个偏门，以及南梢、西梢两个更小的门。关外主要指城外。乌鲁木齐东南西部三面环山，天山冰川水沿乌鲁木齐河从城区自南向北流去。河谷中的城市呈带状分布，依山傍水，秀美无边，是公认的风水宝地。

乌鲁木齐的古建筑主要是佛寺、清真寺、商店、四合院、阁楼亭台，以砖木结构为主，形成封闭式院落为基本群体的独特格局。砖木结构建筑具有造价低、工期短、材料易得等优点。乌鲁木齐古建筑实际上已形成并充分体现了土木文化的精深内涵和特殊风韵。

现存于乌鲁木齐市人民公园的丹凤朝阳阁，显然是木结构古建筑的典范。该建筑与阅微草堂、醉霞榭等附属建筑是1918年兴建、1922年完成的。当时的大文人杨飞霞、商界人物杨绍周、苗沛然等50多人因感激杨增新的不杀之恩，筹集民间资金，请来天津杨柳青籍高级木工崔大师、王恩荣、西安籍瓦工李天喜等能工巧匠设计建造。原名杨增新公祠，1933年由清朝举人阎毓善更名为丹凤朝阳阁。

这是一个采用天山上等红松木修建的精美建筑。结构上以柱、枋、梁、檩、椽等组成木质骨架。立柱架在屋基上，柱上架梁，梁上加柱，构成殿体主框架，并用木头部件将其相互连接。从宏观上看，木头是巨大压力，但又是巨大体积的支撑者。而微观看，每个部件都极其精确地相互咬合，智慧而奇巧。这里不用一钉一铁。榫与卯的铰接只靠木头本身——木头支撑木头，木头连接木头，木头依靠木头……木头们手拉手，肩并肩，在产生巨大张力的同时，又产生了与巨大外力相抗衡的内应力。既防倒、防腐、抗震，又是精美绝伦的艺术品，可谓天地间人类智慧的奇迹。

丹凤朝阳阁仿北京故宫太和殿建成，为二层单檐歇山顶式建筑，绿瓦飞檐，翘角凌空。横枋侧枋上的孔雀戏牡丹、百花争艳、百鸟争鸣图等异彩纷呈，使这座古色古香的近百年的建筑引人关注，成为中华建筑艺术的代表。

乌鲁木齐现存的类似古典建筑大约还有二三十座。解放北路春风巷的文昌阁是纪晓岚亡故后，由民间筹资修建，距今约有203年。刘鹗在这里写出了《老残游记》续集，茅盾在这里写出了《白杨礼赞》。这个高约16米的三层重檐建筑，青瓦饰面，檐角高翘，龙凤朝天，室内假门、假墙、假道密布，秘密机关甚多，丹青古籍保存完好。

200多年前，驻防乌鲁木齐西边九家湾古城的清军修建了老红庙子，内塑关帝像。整个建筑玲珑别致、雕刻华丽。乌鲁木齐市前进路15号的文庙是一处儒教院落式庙宇建筑，内供孔子和关羽像。文庙飞檐翘首，文气十足，是乌鲁木齐极为精粹的古典建筑之一。

此外，妖魔山塔、陕西大寺、汗腾格里清真寺、塔塔尔寺、明德路基督教堂、天主堂等，都是乌鲁木齐极具古典风格的精美建筑。它们都是我们可以像红山塔一样亲近与叩访的迷人去处。

事实上，无论城市的现代化进程如何高速推进，乌鲁木齐依然是一个建筑风格变化较多的城市。哥特式建筑、欧式建筑、伊斯兰教建筑、汉藏建筑、波斯建筑等应有尽有。这种多元化的建筑艺术构成了乌鲁木齐色彩斑斓的建筑群体，成为我们无法回避的全新艺术景观。

我注意到，所有这些令人着迷的建筑作品中，有两种核心构成要素必不可少——土和木。红山塔的砖是用红土烧制而成的，丹凤朝阳阁、文庙、红庙子等基本上由木头构架而成，汗腾格里清真寺、天主堂等，也由红土瓷砖贴墙、木头构建或铺设地面。

我进一步发现，汉语中存在的在字，原本就是由木和土构成的。存在即合理。我突然意识到，乌鲁木齐所有有价值、有味道、有美感的建筑，原来都在无声而有力地把持着一

新疆阿克苏市正在建筑中的民居。阳光覆盖在砖木房顶，使人心生期盼

种健康而正当的存在状态与方向啊！它们让我们知道，什么样的建筑才是正确的，什么才是魅力和美。

植物出自土地又存活于土地。所以，存在的本意应是土地。土地有自己神圣得无可替代的力量。

不仅仅是植物，世界上绝大多数生命——包括人类，均出自泥土、占据泥土，最终又归于泥土。泥土就是我们的呼吸和命脉。

印第安人有一段千古流传的誓词，平实、智慧而令人难忘：

吐鲁番苏公塔——一个大地艺术的杰作

只要月亮还在升起
只要河水还在流淌
只要太阳还在照耀
只要青草还在生长

简单的四句誓词竟然一下子点明了一切生命存在的四大要素：月球引力带来潮汐，使大海获得哺育生命的节律；河水的流动使人类文明和生命得以存在；阳光照耀使生物获得温暖与能量；作为世界上重要植物形态的青草哺育动物，并使生态环境及生物链得以平衡。

换个说法，这些重要得要命的物质，几乎没有一样不直接或间接地与土地发生着密切的联系。月光照耀地球，使大地明亮而充满诗意。太阳光耀我们，使大地生机无限。海洋存在于土地之间。河流在土地之上运行。草木在泥土里繁盛……这一切似乎都在告诉我们，任何时候，都不能离开本质的生命和质朴的力量太远。

或许可以说，在乌鲁木齐，我们是见过美的人。我们曾经与大美相遇。

很久以来，也许因为我们活得过于浮躁和摇摆不定，我们一天比一天更不像我们，或者根本就不是我们。因此，我们需要追本溯源，需要知道自己究竟想要什么东西，以及想追逐什么东西。我们需要去看看红山塔或丹凤朝阳阁，需要抓住某种踏实而具体的东西，借以安抚自己，支持自己。我们需要抓住这些安然可靠的东西，使自己免于陷入虚

吐鲁番大漠土艺馆的生土建筑，呈现出了一种奇异的魅力

无和迷惘。

这些精美的建筑似乎并不刻意去追求美丽。它们本身就是美。

回乌鲁木齐后，萨仁最喜欢去的地方是3个：看红山塔、去大佛寺和逛商场。她最喜欢去的商业区还是二道桥的新疆国际大巴扎。她说，每回去大巴扎，就是为了看这些高大建筑群墙体上迷人的伊斯兰风格的米合拉甫拼花砖。

这些墙砖来自泥土，淳朴而富于质感。像迷宫，也像童话王国。

F.百货店主古丽仙

百货商店开在大巴扎临街的店面之中。乌鲁木齐时间每天8点开门，22点关门已经成为习惯。

一个人专注于一件事情太久，时间就不存在了。这个人自己变成了时间。她走到哪里，就把时间带到哪里。她停了，时间也停下来。她携带时间幽深的光，照亮自己，也照亮世界。

30多年了，即使不看手表，古丽仙也能把时间掌握得准确无误。夏天生意好的时候，夜市上食客不断，她还会适时把商店的关门时间延长到凌晨一两点钟。

古丽仙出生于喀什噶尔。16岁时，因给乌鲁木齐的姐姐照看孩子而来到这个城市。

姐夫玉素甫江是乌鲁木齐有名的制帽师傅。他最拿手的技艺是制作坎土曼帽。这应当是当时全城唯一的专做坎土曼帽子的作坊了。里面几间屋子是住宿间和制作间，外面屋子和临街的木板上，整齐摆放着大大小小的坎土曼帽子。

坎土曼是维吾尔族传统的耕作工具，其形状类似于汉族人的锄头。坎土曼帽就是其模样像坎土曼的帽子。平顶，扁圆形，前额处有小帽扇。猛一看，极像20世纪初期流行于东欧的工人帽。此帽戴在头上，文雅大方，精神抖擞。那种圆脸盘的人尤其钟爱。将帽扇向右倾斜一点戴，更显得洒脱不羁，风度翩翩。那时候，乌鲁木齐的维吾尔人、汉人、哈萨克人、蒙古人都对坎土曼帽爱不释手，全城约有一半中青年男人和少数时尚女青年头戴此帽。

一般来说，春秋季节的坎土曼帽多用高级毛布制作，冬季坎土曼帽用细呢子制作，孩子们的坎土曼帽用花格子毛布制作。流行颜色以灰、黑色为主，但咖啡色、蓝色、藏蓝色、土黄色也曾不同程度地风行过。加上各式各样的维吾尔族花帽，古丽仙的姐姐一家人完全生活在帽子世界之中。她甚至认为，乌鲁木齐的整个历史可能都是由帽子构成的。

姐夫玉素甫江有效继承了坎土曼制作传统。他认为，清朝时乌鲁木齐的米吉师傅、民国年间的依不拉音师傅及后来的阿米提师傅，都是坎土曼帽制作大师，是他最尊敬的人。他希望能把坎土曼帽一直做下去。后来，伊宁市的汉族人张独鹤来乌鲁木齐拜他学习坎土曼制作手艺，他毫无保留地教给他。出师后，张独鹤在二道桥开了个坎土曼帽子店。这是同一时期乌鲁木齐开的第二家坎土曼帽子店。

然而，就在玉素甫江准备广收徒弟大做坎土曼帽生意的时候，风向突变——似乎一觉醒来，人们谁也不戴坎土曼帽了。他到街上一看，往日戴坎土曼帽的脑袋换上了没有五角星的黄军帽，人们最多也只戴戴压舌帽。大家突然如此迅速地抛弃并忘记了坎土曼帽。

玉素甫江只好把帽子店改成铁匠铺，丁丁当当制造起铁器。他雇了个小巴郎子当帮手，古丽仙和姐姐轮流给他拉风箱。镰刀、斧头、马掌什么的，他都可以打制。最重要的是，他们打制起了真正的坎土曼。

古丽仙注意到，打铁之余，姐夫玉素甫江还是会不停地说起坎土曼帽子的事。她发现，姐夫的心思还是在坎土曼帽上。

姐夫会不厌其烦地把坎土曼帽的制作方法说给家里人听。似乎他虽不做帽子了，但却依然生活在帽子的天地里。

姐夫说，制作坎土曼帽子，裁剪是关键。要先裁帽顶布、帽撑布，再裁帽围布、帽檐

她甚至认为，乌鲁木齐的整个历史可能都是由帽子构成的

布，每道工序都得尺寸合适，万无一失。一些细节特别重要。比如裁帽围布时，后脑勺的尺寸要稍微大一些。大多少，就全凭感觉来定了。只有这样，戴上帽子的人才能感到一种帽子的舒张力。而裁剪帽檐时，要求就高啦！这是帽子的脸。帽檐剪圆要绝对对称，下剪刀时全凭手感。帽檐内衬的革布、衬布尺寸务必分毫不差。就这么难！“宁裁三套衣，不裁一顶帽嘛！”坎土曼帽的裁剪技艺要求更高。古丽仙呀，缝制要求嘛，也高。缝制流程工艺复杂细致。我教你秘诀吧！先缝帽沿，再缝帽圈。针走一线，压线平直。穿针准确，接线无痕。前线垂直，后针紧凑。跑针稳定，收针无结。古丽仙，缝制帽顶、帽撑：顺形走针，圆边压脚。缝制帽撑、帽围：依缝插针，隐角紧缝，帽撑渐凸。缝制帽檐：帽衬为线，檐线合适。帽子做好后，要熨帽围、帽檐，使坎土曼帽平展挺括，美观大方。

对于帽子制作工艺的痴迷和对铁器的厌烦，最终导致玉素甫江放弃了铁匠铺。尤其是农业生产机械化在新疆的普遍推行，致使玉素甫江一家人费心费力打制的坎土曼、驴掌、镰刀等大受冷落。他只好又把铁匠铺拆掉，改建成打馕的铺子。

又过了几年，姐姐和姐夫玉素甫江不幸双方亡故，古丽仙嫁给了家里的打馕师傅。临街的楼房盖起来后，馕坑也被挤出闹市区，古丽仙就把家里的阳台和客厅改建成百货商店，生意一做就是 30 多年。

坐在商店的板凳上，古丽仙最喜欢的一件事就是盯着门口的人行道，观察南来北往的行人，观察一张张脸。起先是以一种欣赏的眼光看的。她觉得大街上的每张脸都与众不同，甚至是唯一的。面孔里充满了秘密，她的内心充满了好奇。后来，她尝试着给这些脸归类。把一些类似的脸放在一起进行综合观察和分析，以期探寻到隐藏在面孔中的奥秘。再后来，她把行人的衣着、身材、言行举止等因素纳入自己的观察范围，对脸进行立体观照。她承认，这些变幻无穷的脸，以及隐藏在脸后的秘密，她倾其一生的时间也捉摸不透呀！最重要的是，她发现这条街上的脸永远也研究不完。

一个女婴被年轻母亲抱着从商店门前走过。没过几天，这个孩子背着书包到巴扎旁边的小学念书去了。突然有一天，这个孩子长大成人，怀里抱起了和自己长得一模一样的另一个婴儿。这两张婴儿的脸叠加在一起，就是时间的重量。古丽仙隐约觉得，今天和昨天几乎没有变化，今天甚至可能就是昨天，两个脸原来就是同一个脸。几十年工夫兴许只是她做过的一个梦。梦醒了，脸还是脸，她还是她。时间的重量只是她的梦与醒之间的隔挡。

在新疆，维吾尔族帽子店的生意一直都不错

在这个铁器店里，你几乎能找到一户乡村人家所需要的一切劳动和生活用具

古丽仙曾经极其嫉妒一位少女。这个十五六岁的女孩后来是新疆艺术学院的学生。学跳舞蹈，长着好看的脸和迷人的身材。当她每天穿着健美裤挺直腰肢和胸脯像公主一般骄傲地从商店门口经过的时候，古丽仙羡慕又嫉恨。她希望自己也是这样一个像白天鹅一样高贵又漂亮的女孩，希望自己也能把舞跳进大学里，希望她就是她。在梦里，古丽仙无数次变成了这个舞蹈系的大学生，而舞蹈女孩也变成了古丽仙。然而有一天，当这位婚后才生一个孩子就身体变形得像一位俄罗斯大妈的舞蹈女孩再度路过门前时，古丽仙惊呆了！她开始怀疑起早先那张精致的美人脸和魔鬼身材，甚至怀疑起自己的梦。她担心梦境误导了这一切，也改变了这一切。担心正是梦识破了时间并改变了空间，使两位维吾尔族女孩大换脸。即她得到了漂亮的舞蹈女孩的脸和身材，而自己不漂亮的脸和身体也变到了舞蹈女孩那里。

相邻的一个店铺的清秀巴郎子多年只卖一种商品——胡杨泪肥皂。有一天，他把店铺转手倒卖后赚了一笔钱。尝到甜头后，他就再也不做胡杨泪肥皂生意，而专事倒卖房产，后来竟成为乌鲁木齐有名的房地产开发老板。不过，古丽仙也注意到，不知道是时光的原因，还是钞票给喂的，当年面目清秀的小巴郎已变成了肥头大耳的老男人。想一想都难以置信！古丽仙经常会把这个男人的两张脸放在一起比较，她想知道这两个脸的相同和不同之处，同时也很想知道是否有办法把这两个脸进行另一次青春兑换！她希望自己能在换脸方面给人类找到一个崭新的突破口。

当然，有更多的脸，古丽仙看着看着就不见了！她也不知道它们去了哪里。有的脸过一个时期又突然回来了，而另一些脸则一去不复返！

几十年来，门前服装的轮流转换使古丽仙眼福大饱。仅此而言，她认为自己能从喀什噶尔来到乌鲁木齐，实在是一种最好的选择。因为，就算坐在自己的百货商店里，她就看尽了不同时期的流行颜色与风景。

现在，闭上眼睛她都能想到曾经享受过的视觉盛宴。文化大革命时期的蓝、灰、黑色中山装、黄军装，1978 年以后的喇叭裤、长头发和墨镜，1980 年代的的确凉衣服、巴拿马裤、紧身健美裤、红裙子，1990 年代的毛布西装、呢子大衣、牛仔裤，以及 21 世纪印着英文字母、明星头像或骷髅的T恤衫、前后掏窟窿的牛仔裤、外穿的内裤或内穿的外裤、五颜六色的头发和奇形怪状的发型……她对这一切记得如此清晰！仿佛每一种衣服自己都穿过了似的。

或许为了纪念姐姐和姐夫玉素甫江一家人，古丽仙坚持在自己的百货商店里经销帽子、铁器和馕。没有坎土曼帽子，她就卖维吾尔族小花帽、太丽拜克帽。自己不打馕和坎土曼了，她就从大巴扎的铁匠铺或馕店里进货代销。似乎不卖这几样货，就心里不踏实。别的东西卖得再好，也会觉得心里空落落的。

至于其他商品，她这里应有尽有。饼干、面包、牛肉干、巧克力、小学生作业本、铅笔盒、橡皮擦、课外阅读书籍、挂毯等，长销不衰。

从百货商品的类型上说，古丽仙在时间的刻度上看到了不同的面容。30 年前，古丽仙的店里只卖香皂、毛巾、铅笔、饼干等有限的几样商品。商品不多，人们的需求也不高。后来，商品的花样日新月异。古丽仙也弄不清楚，到底是商品的花样引诱着人们的购买欲望，还是购买欲引诱各类商品成群涌现。反正她把各式各样的物品搬运到店里的时候，总会吸引成千上万的顾客进门，并痛痛快快地从口袋里掏钱，将其逐一买走。有时候她自己都感到奇怪，这些人怎么硬是要一遍一遍到来，并不厌其烦地买这买那呢！要是这些人不花钱买东西的时候，究竟还能不能存活？最多能存活多久！她甚至觉得，正是她的商店支撑着很多人顽强地往下活。

有一天，军用压缩饼干摆上了货架，很多人像品尝外星食品一样争相购买。但没过多久，这种购买热情就海潮一样退去了。接着是面包、汉堡包和奶油蛋糕——这些源自西方的快餐式精细食品。与此同时，康师傅红烧或麻辣方便面、孜然味的锅巴、上好佳食品、

无论卖帽子、铁器、服装或馕，生活的艰辛与期盼是一样的，生命的流动方式也是一样的

牛肉干等铺天盖地而来。孩子们甚至嫌方便面用水泡着吃麻烦，就疯狂地吃起了干脆面。打开塑料包装袋，嘎嘣嘎嘣地吃。还有棒棒糖、棉花糖或口香糖。孩子们放学后，蜂拥而至，风卷残云似地购买和饮食这些方便食品。当可口可乐、营养快线、娃哈哈和酸奶等东西方饮料轮番上场，并集中轰炸孩子们的稚嫩视觉器官的时候，每个胃都苏醒了。这些幼小而健康的胃天天消化这些本地和外地的方便食品，成为古丽仙的手的同谋，也成为连接世界的桥。古丽仙小心翼翼又恳切地照料自己的顾客，尽力使每个人来去尽兴，以及通过她的商店感知到世界的亲切与美好。

如果说百货商店是古丽仙的世界的话，那么，她正是通过这里实现了与其他世界的有效对接与交流，同时也壮大了别的世界的目光与愿望。可以说，她用小店喂养着一代又一代孩子的身体和梦想，使一个个年幼的心灵深感安慰和有力。很多时候，她和她的小店所起到的无可估量的启迪与安慰作用，也许连古丽仙自己都没有料到。

当男孩子们第一次从百货商店里买走一盒茶杯口大小的圆形旋风卡，从而替换掉从小使用的香烟盒，以使拍卡游戏更富于魅力的时候，当另外一些孩子从店里买走镶着五角星、米老鼠和唐老鸭的弹力无限的弹力球，进而替代了笨重乏力的橡胶皮球的时候，当女

这里甚至还卖世界上最小的帽子——太丽拜克。此刻，帽子已不仅仅是帽子，而是一种美

孩子们买了毽子和皮筋轻盈踢跳的时候，百货商店已不仅仅是个商店了，而是孩子们心目中的精神圣殿。下课铃声一响，孩子们山洪一样奔出教室，朝商店拥来，抢着购买使自己在课堂上流了好几个钟头口水的雪糕或可乐，以及其他魂牵梦萦的物品。

古丽仙无法估计这些物品在孩子们心里的力量，更无法估计它们对孩子们一生所产生的作用与影响。可事实上，一切力量都持续存在着。买走奥特曼、变形金刚和机器猫的男孩，等于从她这里买走了一个神勇无边、变幻莫测和充满智慧的非凡世界。他们让这些玩具在自己手里和想象里变形。他们从此拥有了崭新的天地。买走布娃娃或布小狗的小女生，等于给自己买回了现实与精神世界中的双重伴侣。她们抱着布娃娃吃饭、看电视，向其倾诉内心全部的喜悦和烦恼。睡觉的时候，她们搂着它才能内心安稳。她们甚至会紧紧地将其夹在两腿之间，让其聆听自己生命的秘密与焦虑，并在适当的时候给自己以崇高的安慰。买走音乐盒的孩子趁家里没人的时候拧紧发条，偷偷观看上面的一对塑料小男女，在美好的音乐声中一遍又一遍碰唇而吻。而这种启蒙教育是必要的，也是作用无限的。正是从这一刻开始，孩子懂得了男女关系的建立方式与奥秘，同时开始了长达一生的漫长追寻。买走香炉的女生一辈子珍藏着它。不开心的时候，她就点亮蜡烛，洒上香水，用双手围护住亮光，透过手指的缝隙观看彤红的光芒和温暖。于是阴霾退隐，内心放晴，生活与爱的勇气倍增。

气温40多度的夏季，古丽仙把啤酒、可乐或营养快线放在冰柜里冷藏着，只等顾客到来。看着购买者接过瓶子，迫不及待地打开，以及咕嘟咕嘟往喉咙里灌，古丽仙觉得这比自己痛饮饮料还过瘾。她一边提醒对方慢点喝，一边分享其欢乐。碰到缺货或断货的时候，古丽仙就觉得对不起人家。她会让顾客留下电话号码，然后到乌鲁木齐小西门、大西门、冷库、七一酱园等地的批发市场去找货——就算跑遍全城也要把货补上，再给顾客打到货的电话。也正是这种补货方式，使她不断发现新的经营路子，生意愈做愈红火，影响愈来愈好！当有的顾客因使用方法不当或商品质量问题而气势汹汹地回来退货的时候，古丽仙的惯常策略是该退则退。她知道，虽然自己只是个商品经营者，而不是生产者，但卖出去有质量问题的商品也有责任。她甚至希望所有发现商品质量问题的顾客都回来找她。她愿意为失望者弥补伤痕。

国外人和内地人也喜欢来这个百货商店。但他们的购买趣味显然与乌鲁木齐本地顾客不同。更多的时候，他们只希望从这里买一些纪念品带回去。维吾尔族小花帽、坎土曼帽、艾德莱斯裙、英吉莎小刀、巴基斯坦铜壶、波斯细密画、喀什铜制烟灰缸、维吾尔族挂毯、吐鲁番葡萄干、和田巴旦木、阿图什无花果干、手鼓、马鞭、热瓦甫、奥斯曼植物生眉笔等，无一不是外地客人爱不释手的物品。店里有的东西，古丽仙平价售出。没有的时候，她就到巴扎里去找。几十年来，大巴扎里的每个店铺和店主她都了如指掌了。再说，她早对街上的回头客烂熟于心。看一眼回头客的脸和表情，她就知道来者想买啥和不想买啥了。她甚至知道每个人心里的价位标准和物品嗜好。30多年的经营时间，已经把古丽仙训练成了某种程度上的人类学大师。她比很多心理学医生更懂得人群个体的心理。

对于没钱购买物品的顾客，古丽仙尽力宽容他们。当满脸长着青春痘的少年买走她代销的美女健美操光碟或色情电影光碟回家后通宵看完，第二天一大早拿来说他家的影碟机无法打开，要求退货或更换别的光碟的时候，当内勤民警舔湿手指连夜看完一本地摊杂志，第二天跑来说她买重了要求更换的时候，当有的小男生嫌酸话梅或雪花应子太酸而责怪食物质量有问题时，古丽仙都会满足他们的要求。她理解并尊重他们。她常说，每个人都活得不容易呀！

不知不觉间，古丽仙的牙齿开始松动，背也驼了。一天早上，她发现视线模糊，费了好大劲也没看清极其清晰的货物商标。她以为得了白内障什么的眼病。但到二医院眼科看过之后，医生说，这是视力快速衰退所致。她知道自己已经老了。她的衰老程度正以牙齿、后背、眼睛的衰败线路高速推进。下一步该轮到性欲的退溃了！她想。

2008年6月24日，她从乌鲁木齐烟酒批发市场提了几箱新疆地产的乡都解百纳干红葡萄酒，以及江苏常熟市的明峰白茶，想进一步扩大百货经销范围和提高商品经销档次。但因身体和经营思路等原因，第二天，她又把这些高档茶酒退了回去。她不想有太大改变了。她想，无论如何她都不会改变坎土曼、铁锨、维吾尔花帽和馕的长久经销格局。在她看来，要是连这几样东西都不卖了，那她的百货商店也就不是商店了。

从百货商品的类型上说，古丽仙在时间的刻度上看到了不同的面容

7
花园寺

新疆的维吾尔族公民新搬到一个地方的时候，第一件要做的事不是打麻将、下雪书，也不是种粮食和盖羊圈，而是修建清真寺。他们要修一间心灵的居室，把灵魂安放妥帖之后，才去修建自己肉身居住的房子或鸽子窝，并像模像样地吃一顿手抓羊肉。

作为尘世间的精神象征，清真寺在城市及乡村的存在是必需的，无条件的。否则，教民的个体的生命就是盲目的，苍白的，以及微不足道的。在这里，精神生活高于物质生活。那些阿希克们，那些伊斯兰教苏菲派的信徒们——即使在物质生活方面一贫如洗，甚至衣不遮体，靠乞讨为生，但由于内心有信仰，灵魂有方向，他们自认为是精神的富翁，心里装满了欢乐和期盼。

新疆大地上，凡是有人居住的地方，无论维吾尔族、哈萨克族、回族，还是乌孜别克族、柯尔克孜族、塔塔尔族及塔吉克族等，都有自己大大小小的清真寺。这些清真寺以其各不相同的建筑风格和装饰样式耸立在绿洲上，成为教民们心中持久的信仰与精神依靠。

从世俗意义上说，这些融合了中原地区、波斯、阿拉伯及本地建筑艺术特色的清真寺，以其特殊的美学风格和艺术装饰魅力呈现在我们的生活中，成为饱蘸自然之美和时空光芒的大地精神雕像，让我们猜不透，也喜欢不够。

在《建筑的七盏灯》中，罗斯金曾仔细探讨了如画之美。他奇怪地将建筑的特殊之美归结于其偶然性。他说，美丽如画的东西是随着时间的推移而变美的建筑风光，而这种美是连其创造者也始料未及的。

在罗斯金看来，如画之美来自建筑物矗立数百年后才会浮现的细节，来自常春藤、四周环绕的青草绿叶，来自远处的岩石、天上的云和滔滔海洋。所以，新建筑无所谓如画的问题，因为它只要求你观看它本身。唯有在历史赋予它偶然之美，赐予我们意外的新看法，它才变得意蕴丰富，美丽如画。

罗斯金说的实际上就是时间之美。乌鲁木齐的标志性建筑——年龄220岁的红山塔、

位于乌鲁木齐市南门的汗腾格里清真寺已有258年的历史。由于建筑风格独特，花香满院，有人称其南门寺、喀什寺或花园寺

南门258岁的汗腾格里清真寺、胜利路西侧109岁的塔塔尔清真寺、小南门外172岁的天主教堂等，莫不如是。它们穿越岁月的迷雾，一路走来，使我们能清晰、准确又真实地体会到一座城市的脉跳。

美国自然文学作家约翰·巴勒斯在《鸟与诗人》一书中说："比天赋更基本的是人性，比美更重要的是力量"。他进一步通过俄罗斯作家屠格涅夫的作品说：古代大师们从不刻意去追逐所谓的美。美是从作品中自行呈现出来的。只有上帝才知道美来自哪里——也许来自天堂或其他地方吧！

作品自行呈现出力量与美，实际上说的就是每个作品内部所隐含的特殊魅力，以及作品本身固有的客观上的美——也就是作品的自然之美吧！建筑物本身也许并不一味去追求美，因为它本身即是美。是大地之美，心灵之美，精神之美。

那么，到新疆大地上走一走吧！去看一看乌鲁木齐的汗腾格里清真寺、吐鲁番的苏公塔、和田的加满清真寺、于阗的艾提尕尔大清真寺、伊宁市花寺、喀什市五好清真寺、莎车阿勒屯麻扎清真寺、阿瓦提大清真寺和库车大清真寺……去看看这些塔或寺院门墙上由黄砖、土坯和生土装饰构成的精美建筑艺术图案吧！

这些大地艺术的杰作，是由维吾尔族民间建筑艺术家特别创造的。它们是单纯的泥土的颜色，大地的颜色。因而，站在地上，它们显得如此柔和、质朴、纯真和亲切。这是一种触手可及的大地之美呀！拼花砖、土块、红砖或黄砖巧妙绝伦地结合在一起，形成了整齐有序的各类图案，形成繁复又简洁的空前的美感。仔细辨认的话，会看到八瓣菱形拼花砖、六边形拼花砖、龟甲拼花砖、风车形拼花砖、锁子甲纹饰、十字花拼花砖和四瓣凸起纹饰等。有的拼花砖烧制后，需要将其打磨光滑，再按严格的尺寸要求，对缝砌拼。而另一些砌墙面的拼花砖则不需打磨，全由能工巧匠按程序拼砌出特殊效果。这些高明的艺人们，早将拼花结构牢记心中。砌墙时，随着口诀砌砖，进出自如，平竖有度，砖的平面、角度和形状都成为他们可以随手利用的最佳支撑。渐砌渐高，渐高渐收，到塔顶或墙顶时，即形成一种天然有序、错落有致的墙体花纹图案。放眼望去，这些奇特的几何图案已构成了一个砖与墙的迷宫，清雅别致又本性本色地绽放在那里，等着欣赏的目光来享受视觉美餐，同时也等待有胆量的人来探险和钻研。

看着高达36米多的纹饰繁杂精美的苏公塔，有时候我们觉得这不是一个塔，而是一

被维吾尔人称为“树上的糖包子”的无花果，以其朴素的面容，令人遐想无限

清真寺内宽敞而宁静的祈祷大厅

富丽堂皇的清真寺祈祷大厅屋顶

座古朴典雅的泥土雕像，以及一个无可替代的大地遗魂。我们甚至大胆地想，要是苏公塔与金字塔相对应的话，谁比谁更像谁？

伊斯兰教建筑兴起于公元7世纪。大约11世纪时，伊斯兰教传入新疆。明代时，以往曾被称作礼堂、祀堂、礼拜处的伊斯兰教寺，被统称为清真寺。在新疆，很多人仍称清真寺为礼拜寺，意即叩拜之处。

新疆的清真寺按范围和规模大约分4种：社区居民的小清真寺。每日5次由阿訇唱经领拜，信众就近礼拜；较大的加满清真寺（聚众礼拜清真寺）。周五进行大礼拜，每地市一两个；艾提尕清真寺（欢聚的场所）。主要供盛大节日欢聚舞蹈之用；麻扎中附设的清真寺。此外，有条件的大户人家，在家里也设礼拜堂，供全家人每日5次礼拜所用。

所有较大的清真寺中，内室最能体现自然之美的地方应当是主礼拜殿内阿訇唱经的龛形建筑位置了。伊朗语把这种龛形建筑称作米合拉甫。

直观地看，米合拉甫肯定跟我们祖先的原始生活形态有关。即凿穴为室，以洞为生活的最佳境界。在这里，洞穴既是一种重要生命象征，也是某种程度上的人类理想。

这当然远非一般的洞穴。它深居于清真寺大殿的正中央，且以层层递进的方式向深处延伸，直到最里层。色彩图案也是层层递进的。在这种以蓝绿红为主体色调的富丽堂皇的礼拜大殿中，色彩的叠加或递进，构成了特殊的时空迷宫。但是，米合拉甫的核心位置上并没有龙椅桌案，唯有搁放在地毯上的一个坐垫，供阿訇唱经领拜时使用。后背处花团锦簇的一面纵向延伸的核心墙面是洁白的，空无一物，却空纳一切。

显然，这个门形的中央洞穴漂亮、雅致而坚固。米合拉甫顶端，被两边的建筑左右挤压，并弧度柔和地向中间隆起，从而大大抵消了顶部的重力。这里借鉴和使用了拱桥建筑的力学原理，使米合拉甫结实而美观。

此外，这种两边对称、中部直冲上端的门形建筑结构，有一种火焰自由上升的美感。这或许同伊斯兰教创教之前中亚地区盛行的古波斯教——拜火教有直接联系。总之，这种上升的火焰既有崇高、神圣、不可征服的圣洁光芒，又有流畅、圆润和庄重的美感。

萨仁看过米合拉甫后，以女性的视角谈出了自己的看法。她说，这种柔美圆润的洞穴建筑方式，像植物的嫩芽或花蕾，也像动物的生殖器官，其巨大的向上冲击效应象征孕育、生命和力量，也象征希望、安抚与创造。另外，当阿訇坐在龛前的垫子上闭目领唱经文时，米合拉甫龛的半圆形洞穴，还有一种将其声音定向反射出来的扩音作用，其神秘又现实的各类功能实在令人着迷。

萨仁还说，米合拉甫建筑也像双手捧放胸前时的祈祷姿势，吉祥又温馨。

伊斯兰教反对偶像崇拜。该教创教较晚，是世界宗教中最年轻的。穆罕默德认为自己是《旧约》《新约》中早已预言过的圣人在世。所以，既承认犹太教，又承认基督教。他创立伊斯兰教后，把基督教神龛中的耶稣像搬掉，仅供奉一个空龛。这种做法反而赋予了伊斯兰教一种奇异的力量——一种虚幻的神秘力量，以及无穷的想象空间和巨大的感召力。《福乐智慧》一书称赞上帝安拉无声无味，无处不在处处在——他就在心中。

现在，我还想说一说清真寺建筑的整体色彩装饰问题，说一说另一种天地吻合、自然而然的大地建筑装饰艺术奇观。

新疆深居于亚洲大陆腹地，干旱气候和大量的沙漠戈壁，促使绿洲人群比所有地方的人都更加珍视绿色的价值与作用。在新疆人看来，这是生命的颜色，甚至就是生命。因而，绿色被广泛应用于伊斯兰教建筑艺术装饰之中，并与苏公塔、于阗艾提尕尔大清真寺等原生态拼花砖建筑装饰形成另一种自然呼应，成为新疆经典大地形象之一。

清真寺贴墙的瓷砖和寺顶瓷砖，是绿色的。寺内廊柱和屋顶是绿色的，甚至台阶和地面也铺上了绿地毯。加上寺院内外大量的杨柳、榆树、无花果等植物的养植，绿色图腾被呈现得淋漓尽致。即使在经文学院或民居、麻扎等处，醒目又安详的绿色也随处可见。在这里，绿色既是一种信仰，也是生活，是人们触手可及的天然之美。

当然还有蓝色。这是大海的颜色，苍穹的颜色，以及思想的颜色。浩瀚无边，深邃无涯。是神圣的月亮在天空照耀时的色彩——神秘而幽深。穆斯林的建筑师们对此情有独钟。当大量伊斯兰教建筑被装饰于令人遐想无际的湛蓝色之中时，新疆大地呈现出一种意境悠远的思想的光辉。新疆显得辽远又崇高。

当然还有饱和而热烈的正红色。这是被汉民族所广泛崇尚的颜色，是火与生命的颜色，威严、醒目、热切、高贵、吉祥。现在，这种颜色被伊斯兰教的建筑师大量运用。他们打破了伊斯兰教关于寺内不施五彩的训诫，大胆将红、绿、蓝、白、黄等各种颜色溶于一炉，通过花木水草等方式，普遍呈现在清真寺的立柱和墙壁上。他们伸出智慧的手，通过各类大自然的颜色，展现出那种简朴、含蓄、浪漫、夸张的建筑装饰世界，同时也展示清真寺的崇高、神圣与可亲可敬。换句话说，他们想通过自己的努力还原大自然的本色，并把清真寺建成高贵典雅、精美无比的花园天堂。

不仅如此，伊宁人索性把清真寺叫花寺。这个采用了汉族人的四合院结构建造而成的清真寺，已不仅仅是聚礼之处和欢乐之处，而是与当地秀美的谷地、丘陵和谐共存的大地景观，成为绿阴环绕的当地穆斯林的精神高地。

伊宁回族大寺、伊宁拜图拉清真寺、哈密回王陵等建筑，还大量糅合了中原八角攒顶、蒙古盔顶、檐式亭阁等风格，从而使佛教、基督教、萨满教、伊斯兰教等多种宗教文化交汇，形成了特色独具、魅力无穷的新疆伊斯兰教建筑艺术奇葩。

乌鲁木齐市南门的汗腾格里寺又称南门寺和喀什寺，清乾隆十五年（1750 年）由喀什商贩筹资创建。宣礼楼、礼拜殿和庭院错落有致。礼拜殿内，柱顶各有一弯新月的 12 根立柱预示着一年 12 个月的吉祥。大殿神龛、廊柱、门窗、大梁、柱垫上均镂有杏花、棉花、稻麦花、娜仁花等，荷花纹、宝相纹、阿冬纹、叠交纹杂陈其间，构成了华丽高雅、意境深远的幽雅花木世界。大寺前花木丛生，开合自如。每天清晨，当唤醒人们起床早祷的声音传出来的时候，每个人都觉得，自己一定能把这一天过得幸福而踏实。

事实上，乌鲁木齐的塔塔尔寺、陕西大寺、南大寺、天主教堂和明德路基督教堂等建

阿曼尼沙汗陵墓

筑，都有自己各不相同的建筑艺术特色，其蓝白色调、十字架或弯月、大方别致的建筑样式等，令人难忘。它们既是优美的建筑艺术观赏地，也是教民心中圣洁的精神方向。

这些建筑似乎并不刻意追求美。相反，它们却被追求着。时间、渴望、晕眩、相思、仰望等一直触摸它们，紧挨它们，追随它们。它们已在时光之水中形成美。它们本身就是乌鲁木齐之美。

G. 雕塑家

《天山日报》在民族文化版开设“拯救”栏目，希望对新疆濒危的非物质文化遗产进行系统梳理和挖掘，借以引起政府及全社会的共同关注，并对其实施有效拯救和保护。

征稿启事刊登后，应征稿件纷至沓来，编辑部只好安排专人负责处理这些推介稿。读者的热情程度大大出乎栏目策划者预料。

有读者来信说，必须立即拯救濒危的满语、塔塔尔语、满文和锡伯文等少数民族语言文字。各民族民间口头文学，如民间故事、史诗、叙事诗、歌谣、谚语、传说、神话、寓言、笑话等，都迫切需要挽救和保护。戏曲爱好者则提出了秦腔、新疆曲子剧、维吾尔剧、

在人类口头和非物质遗产申报项目中，中国新疆维吾尔木卡姆艺术呼声最高，影响很广。图为维吾尔族十二木卡姆的集大成者阿曼尼沙汗工作时的情形（剧照）

豫剧、哈萨克族谎歌和锡伯族汗都春的紧急保护请求。也有人希望拯救维吾尔族达瓦孜、各民族民间杂技、维吾尔文书法艺术、维吾尔族土法织造、印染技术、英吉莎小刀制作工艺、乐器制造工艺、土陶制做工艺及哈萨克族刺绣等。但更多的人则提出了新疆民族民间音乐舞蹈方面的拯救请求和建议。

编辑人员粗略翻读统计了一下，读者关于民族民间音乐、舞蹈的请求保护项目主要是这样一些方面。古典音乐如：维吾尔族木卡姆音乐、维吾尔族达斯坦音乐、哈萨克族62空额尔音乐、柯尔克孜族《玛纳斯》音乐及库姆孜套曲、蒙古族《江格尔》音乐、藏族《格萨尔》音乐、乌孜别克族古典艺术歌曲。民间歌曲如：山歌、劳动号子、长调、小调、短调、牧羊歌、狩猎歌、婚嫁歌、丧葬歌、敬酒歌、拦路歌。民间乐器如：维吾尔族卡龙琴、萨它尔、巴拉曼、喀纳依、雀拉、哈密艾捷克，哈萨克族斯布斯额、库布孜、埙，蒙古族托布秀尔、衣克勒、摩登楚吾尔、霍林楚吾尔，柯尔克孜族克雅柯、楚吾尔，锡伯族菲察库，塔吉克族鹰笛、热布甫、艾捷克，塔塔尔族和俄罗斯族的巴扬。宗教音乐如：维吾尔族、回族伊斯兰教礼仪音乐和皮尔洪，蒙古族、锡伯族萨满、相通尔其、豆其等宗教及自然崇拜音乐，达斡尔族原始崇拜礼仪音乐。

看到来信没得到报社的及时回复，一些读者产生了偏激行为。他们不再写寄信件，而是改寄实物。编辑部收到南疆麦盖县一位维吾尔族老人临终前托人寄来的一盘录音磁带。这位年近百岁的老人是著名的刀郎木卡姆演唱大师。除“文革”期间不能演唱之外，他整个生命都在高声歌唱中度过，并能一口气唱完9个刀郎木卡姆。眼见生命将尽，年轻人都因想出外打工和进城求学而后继乏人，老人无限哀伤，就把自己唱了一辈子的刀郎木卡姆歌曲和无限感慨录在磁带上，寄给报社，以期拯救濒临失传的刀郎木卡姆音乐歌舞。

新疆布尔津县喀纳斯的图瓦人额尔德什，自制楚吾尔并吹奏。老人年事已高，后继乏人。人们为此深感忧虑

与此同时，阿勒泰地区布尔津县喀纳斯的图瓦人用苇秆制作一根草笛寄到报社。邮寄的村民附言说，图瓦人把这种草笛叫楚吾尔。它是当地人最喜欢的一种其迷人程度不亚于马头琴的乐器。但令人遗憾的是，整个阿勒泰地区只有一位名叫额尔德什的图瓦老人会吹此笛。额尔德什老人突然过世后，它家祖传的楚吾尔即将失传。村民们寄来草笛楚吾尔，想让报纸给楚吾尔登个遗照，同时希望有志者记住或追寻楚吾尔。

这还不算。南疆阿瓦提县的维吾尔族民间酿酒师穆罕默德·乌斯曼千里迢迢来到乌鲁木齐。他把怀里的一坛穆赛莱斯往编辑部主任的办公桌上一放，说：“这种稀世美酒——尝一下！不幸的是，酿造工艺就要失传了！你们赶紧想办法抢救吧！”吐鲁番的一位维吾尔族纳孜库姆舞蹈者，一边跳诙谐风趣的鸭子舞和猴舞，一边迈步走进报社编辑部大门，希望媒体给予这种濒危民间歌舞音乐以关注。

尽管如此，真正引起我关注的是一封关于假人模特的读者来信。该信寄至《天山日报》维文编辑部后，维吾尔文编辑将其翻译成汉文，并转到我手里。

这位名叫艾合坦木的维吾尔族读者在信中说，106岁的父亲依不拉音不久前过世了。安葬完父亲之后，全家人对父亲留下来的成千上万个假人无法处理。有人认为，泥雕或石膏塑造的假人有悖伊斯兰教教义，应当随父亲的离去而销毁。但也有子女提出不同意见，说这是父亲一生的心血，不能随便用推土机碾压掉，至少应当找个有文化的人来鉴定一下。有价值的话，就凑钱修个博物馆展览，供人观赏。没啥价值的话，再砸毁也不迟。正在这个时候，小儿子艾合坦木从报纸上看到了关于非物质文化遗产拯救的征稿启事，就抱着侥幸心理给编辑写来一封信，想请编辑老师给判断一下，父亲捏弄了一辈子的这些维吾尔族假人到底算作什么？它们能不能列入申遗范围？无论如何，《天山日报》编辑给个回信后，他们一家人就要处理这些泥人了。

我认为这是一封有趣的来信。虽然不像英雄史诗《玛纳斯》《江格尔》和《格萨尔王》那样崇高神圣，也不像维吾尔族十二木卡姆、哈萨克族阿肯弹唱艺术、塔吉克族道斯通音乐艺术那样影响广泛，但却具有一种无法言喻的特殊魅力与神秘感，让人忍不住想去观察和探究，想知道这件事的来龙去脉。由于艾合坦木的家在乌鲁木齐市青年公园附近，我

这些维吾尔族表演艺术家们，可同时表演两种乐器，艺惊四座

决定拿着这封信直接去找他。

穿过两旁有沙枣树、白杨树和榆树的林阴道后，向右一拐，就来到了艾合坦木家的楼房跟前。

打够了砖坯，是否就可以和泥巴做假人模特了？这是个问题

艾合坦木说，1912年，杨增新当新疆督军兼省长的时候，他的父亲依不拉音10岁。那时候，依不拉音经常在杨将军衙门前的照壁处卖陶碗陶罐。这些陶器都是家里人烧制的。有时候，依不拉音还会随将军家的仆人一起给衙门大院的后堂送陶器。碰到身穿棉袍子、脚穿红蓝缎鞋、手拿蝇甩子的杨将军迎面走来时，他会主动打声招呼。杨将军经常独自到街上吃凉皮和醪糟，满街商贩都认识他。将军家的大部分陶器都是依不拉音一家人给烧制的。

杨增新说，他的一枝秃笔可敌十万雄兵。这一点也是依不拉音一家人和当时的新疆人很佩服他的地方。民国16年，据说冯玉祥依仗兵精将多企图进疆发展。杨增新封锁边界，限东疆各县连夜赶制出5万顶帐篷，运至星星峡，连成军营大帐，并在四周燃起篝火。空棚计吓退了强敌。依不拉音看到自己制作好的土陶器被杨将军这样的人所喜欢，十分高兴。

最初的制陶兴趣源于玩泥巴。在年幼的依不拉音看来，全家人一天到晚围着泥巴转这件事足以说明，捏泥巴应当是这个世界上最重要的事情了！屋里屋外，楼上楼下，到处摆满了等待烧制或已经烧好的坛坛罐罐。夏天，当一家人坐在花香不绝的院子里给陶碗上釉彩或翻晾陶壶的时候，以及他和其他孩子围着堆积如山的胶泥及待烧的陶坯捉迷藏的时

新疆库车飞天雕塑

候，他感到快乐极了。他实在想象不出，这世界还有除了制陶技艺之外的其他事情。他单纯地认为，任何一件事物都是与泥土相关的。离开泥土的人和事物是不能存在的。就他个人的经验来说，除大量制作并出售陶器外，泥土是他生活中唯一重要的物质。在土炕上出生，挂在脖子上的吮吸器是陶制的，吃饭、喝水的碗是陶制的，就连洗脸洗手的手壶和夜间使用的便器也是土陶的。他不知道，离开了土陶制品的人们该怎样生活?

不仅如此，依不拉音最大的痴迷还在泥巴本身。当他们从古老的乌鲁木齐河河床里掏挖出沉积千年的淤泥，或者从西山土场运回来红胶土的时候，艰辛而欢乐的工作就全面展开了。

最喜欢的事是踩和泥巴。站在大木桶、陶缸或院子里的一块平台上，站在用水稀释了的泥土里，他用力抽出赤裸的脚，再一下又一下踩踏进去，泥巴在腿脚四周呼哧呼哧地响，而快乐则在他的体内流淌。他必须掌握适当的力量，同时加放一些杨絮进去，以增强泥巴的韧性和力度。之后，再筛选一些沙土放进去一起和。这样的泥巴制作的陶器，壁厚均匀，易于烧制，还可保持红土与沙土的自然肌理，使人感到陶器亲切自然，变化无穷。由于和泥是一件快乐无边的工作，年轻的依不拉音每次都会干得精疲力竭。

和好的泥巴发在那里，至少要等到第二天才能饧好并被使用。制作陶器依然是一件其乐无穷的事呀！他甚至想象不出来，这个世界上是否还有比这更好玩的差事了！这是原始的制作技艺，必须手脚并用——他得用脚蹬转圆形脚踏板，通过中间的一根轴线带动上面的木制圆盘，圆盘上放着饧好的软硬适中的泥巴。这时，一切全靠手感了。没有任何图纸及模型，一切形象都在艺人心里。凭着手感和力度，他要做出自己想象的一切东西。碗、瓶、壶、罐、盆、缸等，尽在期待之中。依不拉音可以在想象中翱翔，并完成所有的器物啦！具体来说，可以一圈圈盘绕，也可以螺旋形盘绕，还可以揉搓出一些粗细均匀的泥条或泥片，盘在泥巴上一层层旋转。这时，手的重量和力度就得格外讲究了。他可以用稀泥涂抹泥条之间的结合部位，也可把一只手伸进物器内部，在转动过程中将内部抹平，使泥条更为紧密地连接在一起。

新疆库尔勒楼兰美女雕像

陶罐的盘制技法多种多样，铺排、缠绕、穿插、绕结等尽可选择，在其表面镶嵌各式花纹也是举手之间的事情。这时的手已不是寻常之手，而成为一种思想的手，魔法的手——能创造，会思考，有想象。手可以把梦想在转瞬之间变成现实。手成为真正意义上的真主之手。

土坯制好后，就摆放在墙上密密麻麻的小木板上晾干。随后，由其妻子或助手逐个给坯子上釉，最后放入馒头型的窑内点火烧制。一般情况下，一批陶器的制作周期约为10天时间。在五六百摄氏度的火温之中，大约6个小时就能烧好一窑陶器。火温必须由小到大，否则会烧坏陶器。当看到陶器表面的釉汁轻微向下流淌、陶器由橘红变为橘黄红、釉彩透明发亮时，就算烧成了。这时，立即封堵所有通气口，闷24小时后就可以出窑了。

盛世才统治新疆时期的1940年，依不拉音到前苏联水利专家特列古布在乌鲁木齐洋行街的家里送陶器时，无意中被客厅的一尊铜像深深吸引，竟然站在那里看得忘记了离开。

这是他第一次看到与真人大小相当的铜雕。他并不清楚这个卷发的外国人是谁，但却被一种奇异的力量所攫取，脚步无法移动，以至于回家后连续好多天日夜想到这尊雕像。

仿佛活了几十年工夫，第一次知道，人还可以以另外一种模样存活。

特列古布是应盛世才邀请，来乌鲁木齐帮助修建新疆第一座水库——红雁池水库的。1943年5月，盛世才看到希特勒进攻苏联奏效，即变脸反苏，并欲以阴谋大暴动案的罪名逮捕苏联水利专家，特列古布等人被迫回国。

这一切，依不拉音并不了解，也不需要了解。他只关心特列古布家客厅里的那尊人体雕像。他通过乌鲁木齐人李溥霖打听到，这是一位俄国诗人的塑像，该诗人名叫普希金。由于他是俄国现代文学的始祖，所以，每个俄罗斯人都十分尊敬他，几乎每家每户都有他的塑像。

诗人这个概念在依不拉音心里是模糊的。但他却对其格外尊敬。在他看来，写出了

新疆库车县的鸠摩罗什铜像

《福乐智慧》的作者玉素甫·哈斯·哈吉甫这样的人才应当算作诗人吧！所以普希金塑像的特殊光辉激起了他对诗人的尊敬。特别是一位普通的苏联水利工程师出国工作时，竟然还要把诗人雕像带在身边——这种看起来有点不可思议的事情，给依不拉音这个年轻的陶艺师以巨大的震撼，并从此改变了他的人生。

苏联专家因何险些丧命及什么时候离开乌鲁木齐回国？依不拉音一无所知。他甚至都没有想过去讨要、购买并保留那尊诗人塑像。但在内心深处，他却永久性地保留了那尊像。

正是从这一天起，依不拉音开始了长达半个多世纪的人体雕塑探索，成为新疆第一个维吾尔族假人模特的制造者。他注定要承受所有探索者必须经历的全部幸与不幸。

刚开始，他像父辈们制作陶瓷那样往红泥里加放杨絮，以增强泥巴的弹性和柔韧度。后来，他开始加放羊毛、头发和胡须，并通过木头、草绳、铁丝、蜡、草灰、羊皮、骆驼皮，由特殊矿石磨制成的颜料等材料，制作出一个独一无二的假人。

依不拉音的努力具有无可估量的历史意义与创造价值。他的假人模特使他一下子走出了一个不同凡响的崭新境界，使他这个祖祖辈辈以制作陶碗陶罐为生的土陶世家多出一种可能——陶艺师变为雕塑家。

这勇敢的一跳显然来之不易。他的家族和他的整个民族兴许历经了千年期盼。

千百年来，维吾尔人只能把花草树木刻画在清真寺的门窗、廊柱上或祈祷室的屋顶，每户人家的大门、墙壁及居室内外，也均是巴旦木、石榴或无花果的图案。有的人家甚至只用单纯的绿蓝红白等颜色装饰厅院和立柱。就连所有极其威严的花帽上，也均以花草植物点缀其间。自然地，在烧制的陶碗、陶罐、陶壶，以及所有生活用具上，也只有草木图案或变形的草木图案。现在，当依不拉音突然莫名其妙地当成正事地制作并烧烤出泥人雕像时，他在人们传统心理中所造成的巨大冲击与震动是可以想象到的。

首先是家族的反对。一天，他的一位叔叔喝完穆赛莱斯后，提一把榔头来到他家，把所有制成和没有制成的泥巴人砸得粉碎。之后，这位叔叔带着惩恶扬善的正义表情，满身疲惫地又回到烤羊肉摊子上继续跟人一起喝穆赛莱斯去了。在理直气壮的叔叔看来，依不拉音的离经叛道应该遭受所有人的惩处。

看到依不拉音无动于衷，并且继续制作假人模特，教区清真寺严谨而极有威望的大阿訇也出面干涉了。他三番五次游说依不拉音，希望他立即停止假人制造事业。因为，伊斯兰教教义反对偶像崇拜。禁止描绘动物形象，更不主张画人和雕塑人。碰到佛教、基督教中的人物画像时，虔诚的伊斯兰教信徒甚至会想办法抠挖其眼，以防止灵魂被摄取。伊斯兰教创始人穆罕默德创教之后，甚至在礼拜大厅神龛处供奉空龛，使其产生一种神秘无边的虚幻感和感召力。因此，大阿訇明确告诉依不拉音，制造假人是一种不折不扣的渎神行

新疆阿克苏市街头的少女雕像

为。完美仿制真主的造物，意味着对真主的公然竞争与挑战。只有放下手中的雕刀和泥巴，停止制造假人，并请求真主原谅，方为唯一出路。

然而，依不拉音仍然不为所动，继续自己的假人制造事业。

这一次，一些极端的信徒以阿拉的名义冲进他家，不仅砸毁了依不拉音的所有假人模特，而且打断了他的一条腿。

文化大革命开始后，又一轮厄运降临到依不拉音头上。那些戴着红袖标的人在砸光乌鲁木齐所有寺庙的佛像、孔子像、关羽像之后，来到他家，以“破四旧”的名义把屋里屋外所有假人模特一个不剩地砸碎了。此外，这些自认为无所不能的人在把领袖像强行挂放在依不拉音家的墙壁上的同时，开始在其脖子上挂一只自行车轮胎游街批斗他，最后还以人民和革命委员会的名义，打断了他的另一条腿。

令人奇怪的是，这一切并未击垮依不拉音的创作兴趣与雄心。相反地，却激发出了他空前的创造热情和斗志。人们看到的是一个紧咬牙关、满目坚毅的雄狮依不拉音。他拄着双拐挪移在土场、工作间和窑场之间。碰到有人问他的假人模特做得怎么样的时候，他就停下来撩起裤腿，用一根拐棍把不锈钢假腿敲得当当直响，说：“腿会告诉你结果的。”他的意思是：它有多硬，我就有多硬！

几千年来，无论维吾尔人、哈萨克人或汉人，这个国家的人一直都没有把烧制陶器当成艺术行为来看待，同时也没把捏制假人当艺术行为看待。大家都认为，这是一种民间工艺劳动，最多也只是一种匠人行为。其劳动方式无非是捏泥巴嘛！这算什么本事？捏得再好，捏得时间再长，也不会有多大出息。在很多人看来，捏泥巴做陶器，跟扎稻草人吓唬麻雀，以及跟木工做家具、绣花匠人绣花差不多，再怎么努力也就是个捏泥巴匠。至于雕塑个人像什么的，无非是说法不同而已！在这里，任凭你再怎么努力，玩泥巴玩不出啥大名堂。

依不拉音的力量在于，当他喜欢上一件事的时候，就会义无返顾地做下去，谁也别想拦住他。家里已无法摆放下那么多假人模特，他就把地下室改成工作间，挂一个100瓦的白炽灯泡，终日工作。后来，地下室也不够用了，他就在乌鲁木齐市城乡结合部的大湾乡租了几大间平房做工作间，家里的地下室当作存放假人的库房。片区治安民警曾几度好奇又警觉地查看过这些库房和工作间。当他们翻来倒去看到的都是各式各样的假人模特时，就不耐烦地离开了。

1978年以后，依不拉音感到自己的好运气来了。乌鲁木齐市每条大街上，人们争相砸墙开店。一楼临街的地方，无一例外地开办成各式各样的门面房。中山路、大西门、小西门、南门、北门等地大型商场的橱窗里，陆续出现了一些时装模特。这些男女模特轮番

青年情侣雕像。我照像时，一位调皮的达斡尔族女孩偷偷站在像后，并把青春的脸和左右手的指头探出来，令人难忘

穿戴出不同颜色和款式的衣服，扮靓自己的同时，也扮靓了我们的城市。

这是中国当代史上真正意义上的崭新时代。习惯上，人们称这个时代为中国的改革开放时期。从长期政治斗争和政治迫害的畸形社会环境中解放出来的中国人，尊严得到恢复，关于美好生活的渴望与热情像火山一样爆发出来。国门洞开，西装、领带、摇滚乐、电影、牛仔裤、喇叭裤、文学名著等汹涌而至，让人一时间不知道如何是好。这种时候，商场橱窗里的假人引导着人们的欣赏视线，成为时尚的坐标。当身材迷人的女假人穿上高跟鞋、巴拿马裤，并戴上墨镜的时候，乌鲁木齐的漂亮女孩们纷纷揭开面纱，画上眼影，争相仿效它们的着装、身姿和表情。西化的热潮在这里风起云涌，无可阻挡。

依不拉音冲出地下室，来到商场门前屏息观看。他很快看出了这些假人的不足和破绽。

首先，这些假人无论男女，一律都是光头，而且永远只有同一个表情。另外，女假人大得跟篮球似的臀部和胸脯挺得过于夸张。在相同的冷漠表情下面，这些夸张的性器官不但没有强化美感，反而有一种拒人于千里之外的冷感——既让人捉摸不透，也无法亲近，因而，服饰推销效果会大打折扣。

其次，这些生塑料假人轻得毫无根基。有的甚至只是个空壳，只有脸、胸脯、肚皮和腿，只有前面的半个身子。肢体和面部皮肤过于光滑，没有质感，看得人心里瘆得慌。久而久之，消费者会心生厌倦——不利于商品销售！

依不拉音开始在红山商场、天山商场、天山百货大楼和一切服装、首饰店铺里游说，希望商店经理们及早醒悟过来，尽快换用他制造的泥塑陶雕的假人，以便使各大商场里的商品提升几个或几十个档次。

不幸的是，人们无一例外地拒绝了他。无论西装店、玉器店、金银首饰店、丝袜店、帽子店、内衣店的老板，还是从事商场橱窗布置的设计师，大家都不愿选择依不拉音的假人模特。归结起来，其理由主要有 4 个：1. 从心理学角度讲，虽然服装、鞋帽、首饰是物品，但又不仅仅是物品，而是一种精神和象征，是一个梦。顾客来商场，看起来是买了一套衣服，实际上则想购买一个梦想回家。即使是腰粗得像麻袋、腿粗得像药罐子的肥胖女人，其潜意识里也有一种无法遏制的苗条梦。她们希望自己是别人，是橱窗里拥有魔鬼身材的高鼻梁、大眼睛、翘肥臀的冷美人，是那个自己盼望已久的引人关注的人。事实上，人类因为梦想而伟大。这么想得久了，没准儿突然有一天，自己真的就这么美丽多端起来；2. 很多当地人一点也不想做当地人，也不想做自己了，而想成为别人。因此，他们无法忍受自己看到笔挺的西装、风衣或大衣披挂在满脸胡子、罗圈腿、又黑又瘦、委委琐琐的自己人身上。而希望这种衣服配上一个气质高雅、鼻梁高挺的陌生而漂亮的新面孔之人的身上。只有这样，每个当地人才愿意购买这套服装。他们相信，穿上这套服装的自己会变成别的人，至少变成像假人模特一样的气宇轩昂的外国人。他们会用人们学说外语、穿西装、牛仔裤和想方设法移民国外之类的事实来佐证自己的西化观点。很明显，依不拉音做的当地假人穿上这些洋衣服，只能使顾客觉得愈穿愈像满街都是的自己人，愈穿愈土气和绝望；3. 这些西方假人的面孔上，有高挑的鼻子和蓝色的大海一样的眼睛，每张脸都是苏菲·玛索、费雯丽、奥黛丽·赫本式的精致和梅尔·吉布森式的孔武有力，它们能告诉我们什么叫高贵和时尚，什么叫西方风格和风度；4. 虽为塑料假人，但价廉物美，易于搬运。过于光滑的肌肤，在当下这种一切都能时尚的时代里，兴许一不小心还会变成新的时尚风向呢！

依不拉音的世俗幻想破灭了。他知道，商业社会里，商人以利益的最大化为目标，至于别的因素，则一时难以顾及。对此，他也理解。但若要他放弃泥人雕塑而改做塑料假人，迎合市场，向慌张而匆忙的顾客献媚，他无论如何做不到。

与此同时，他也清楚地意识到，在这个商业化时代里，他的泥雕假人根本无法与西方逼真而怪模怪样的塑料俊男美女相竞争。这些假人模特久经战阵，所向披靡，欧洲、美洲、非洲、亚洲——一路杀奔而至，无人能敌。无论男假人或女假人，那种招牌式的自信表情和微笑，足以征服全世界所有顾客的心。

依不拉音重新退回阴暗潮湿的地下室，退回到自己的泥雕天地里，开始了新的假人制造工作。

他来到乌鲁木齐市西山土场，亲手挑选上等的红胶土。开始时，雇人掏挖及装运一翻

新疆吐鲁番火焰山下的铁扇公主泥雕

斗汽车红土三五块钱，后来的费用增加至100~600元钱。至于捏制了多少泥巴人？他自己也记不清了。

一天，依不拉音发现泥制假人极易干裂，且成本不低，就改用石膏翻制雕像。这样一来，同一车红土还可以反复使用。在城里的五金建材商店里，他花14元就能买一袋25公斤的石膏粉。若到华凌市场购买，9元钱就能买到一袋。一般情况下，一袋石膏粉可以做3个人头像。而真正做好一个等高的人体像，约需要3袋石膏粉。这些白色、淡黄色、粉红色或灰色的石膏构成了依不拉音的重要生命颜色，并陪他走过了最后的岁月。

依不拉音一生结过11次婚。96岁时，跟他学习雕塑的两个儿子因车祸同时亡故。他连哭了三天三夜后，哭瞎了双眼。在生命的最后10年，他完全凭感觉和经验继续制作假人。所幸的是，小儿子艾合坦木一直是他得力的助手。年仅34岁的第11任妻子米娜依陪他度过了生命的最后时刻。

艾合坦木说，有一个时期，大约是20多年前吧，父亲依不拉音总是告诉他："一个人就是一部书。每个人都有自己与众不同的故事。每个人的姿势和表情都是独一无二的。所以，雕塑家必须向人学习。最好是直接观察他们。"

为此，父子俩经常来到他家附近的青年公园门口，以及来到西大桥、友好商场门口和二道桥等地方，静心观察行人的姿势和表情。有时候还坐进乌鲁木齐市北门仙跡林西餐厅、蓝鸟咖啡、人民电影院旁的红茶坊等地方，一边品茶喝咖啡，一边观察人。更多的时候，他们会坐在新疆大学、新疆师范大学或新疆艺术学院的大门口，观察少男少女的动作或姿势。依不拉音说："年轻人的姿势和表情变化万千啊，一定要用心观察才行！"他说："无论生活怎么变化、谁在统治这个国家、科学怎样发展、社会如何进步、服装怎么演变，但人的表情和姿势可不要走了形和变了样啊！保持人的面目和行进姿势的丰富性是我们必须做到的。一个又一个独一无二的人，才是构成我们的必要前提。"

令人悲哀的是，这件事还是滑向了愿望的反面。依不拉音吃惊地发现，街上行人的表情和姿势不是愈来愈丰富，而是愈来愈单一了。好像有一根无形的绳索捆住了人们的手脚和肌肉，也捆住了脉搏和神经，所有的表情和姿势日见单调和统一。他真的有些看不明白这些人了——到底是文明程度提高了，还是人的内在肌能退化了？反正每个握手、拥抱、走路、摆臂、发笑、挤眉弄眼等姿势和表情基本上统一一致了。甚至口头禅、见面的问候语都毫无二致。大家晚上回家后，在同一时间吃相同的饭、打开电视看同一个频道的节目、进卡拉OK厅唱相同的歌，就连接吻的步骤——何时动用舌头及牙齿，接吻的受力部位及做爱的体位、姿势和先后顺序、叫床声音的大小等，都有了无形的标准和尺度！每个人举手投足、言行表情都整齐划一，好像同一个模子里倒出来的，一切人变成同一个人！"这是怎么回事呀？"依不拉音问儿子艾合坦木，又仿佛在问自己？

突然有一天，他停止了一切关于他人姿势和表情的观察，也停止了对他人的殷切期待，又一次返回昏暗而拥挤的地下室。

可是，在拉开白炽灯的瞬间，儿子艾合坦木脱口说道："电影。都是那些该死的商业大片宣传普及的结果！"

父亲依不拉音看了儿子一眼，一句话未说，只是低头沉思了一会儿，随后重新干起活来。

那些商业影片从西方国家铺天盖地袭来，时间一长，就变成乌鲁木齐人生活的模板。大家不顾一切地争相模仿那些西方电影演员的走路方式、说话腔调、表情举止。最后，人们竟然忘记了自己应有的走路姿势和行为动作，慌慌张张地接收了这些西方流行表情，以最快的速度使自己变成了别人！"都是这些该死的电影呀！"艾合坦木继续说。

"你知道我的父亲是怎么瞎的吗？"艾合坦木有些诡秘的问我。

"不是哭你的两个哥哥时哭瞎的吗？"我说。

艾合坦木说："这只是个对外人的说法。只有我们家里人知道，这是一次对眼睛的谋杀。他老人家——我敬爱的父亲依不拉音用钢针刺瞎了自己的双眼。原因嘛，有呢！可能

她是西方假人，还是东方假人？她站在地毯商场的一角，一句话也不说

是他不再信任自己的眼睛了。也可能是眼睛所看见的景致让他大失所望吧！或者说，这个整齐一致的人的表情和姿势所构成的单调虚伪、贫乏而恐惧的世界，让他深感绝望。一方面，他想继续探寻艺术的奥秘和生命的本质。另一方面，他又害怕这个单调、统一得近乎残酷的表情世界污损了自己的思想，进而污染了自己的儿子一般纯洁的雕塑作品。一句话，他害怕这些雕塑也变得表情麻木、姿势统一。因为，这样就意味着他所有艺术品的终结。无论如何，他都不希望看到这种结局！”

据艾合坦木讲，他父亲依不拉音双目失明后，虽然假人制作速度减慢了，但制作质量及假人的品质却出奇地好起来。他把自己关在地下室里，一连好几天也不出门一趟。眼睛看不见了，内心的灯盏却亮起来。凭着娴熟的技艺和良好感觉，他复活了记忆，并给每一件雕塑作品都赋予了全新的生命。或者说，他用生命接通了生命。他让孩子们圆满完成了生命的接力。他找到了这个世界所隐藏的意义和雕塑的奥秘。

在乌鲁木齐市青年公园旁的住宅小区地下室里，艾合坦木打开厚重的铁门，让我参观他父亲依不拉音的假人作品。100瓦的白炽灯泡啪的一声打开的瞬间，我被眼前的景象惊呆了！

这是另一个完整的人类世界。这些男女老少的人们——他们有的哭，有的笑，有的咆哮，有的祈祷和拥抱着，很多人则圆睁双眼瞪着我们。这些我每天在乌鲁木齐的大街小巷里随时都可以碰见的人们，此时挣扎着扭结在一起，并无声地呼喊着什么，仿佛拼命要抓住自己的生命、找回自己的灵魂似的。仿佛早已找得不耐烦了，而且被依不拉音这个看守看护得太久了，一旦有一丝机会，他们就会毫不犹豫地越狱——冲出这晦暗潮湿的地下室，到地面上去呼吸清洁的阳光和空气。这些假人的千百张脸若明若暗地隐现着，有的闭目小憩，有的怒目相向，更多的人则目不转睛地望向灯光和我们。他们好像以不同的方式表达着自己的存在，并反抗着地面世界的存在。无论站着、坐着、蹲着或躺着，他们都在诉说着自己隐秘又坚定的心愿。他们赤裸着身子生活在一起，没人能猜得透他们的心思。但有一点毋庸置疑，即猛烈而强大的生命力量正一点点从绷紧的皮肤下面四溢出来，那种巨大的无可阻挡的力量和渴望，以及对阳光的无限向往——正在不断涨大。我一时不知道该对他们说句什么才好！甚至拿不准到底应不应该对他们说点什么！惶惑之间，一抬头，我在立柱跟前看到了我。对，这是我。我不知道依不拉音什么时候在哪里看见并回到这间地下室里再造了我！总之，这个我此刻正迈动双腿，以疾步前行的姿势靠在立柱上。由于一只脚没能着地，看起来，那只脚仿佛想要踩踏什么似的提起着，其样子坚定执著，却又让人忍俊不禁。这个我似乎想探究或完成着什么，但却皮肤冰冷，肢体僵硬。结果，他什么也没探究到。

我承认，我最后从这个逼真得令人窒息的假人世界里落荒而逃了。

走出地下室后，我用力呼吸地面的新鲜空气，仿佛担心再也呼吸不到空气了似的。

艾合坦木急忙锁上铁门，追上我问："尚记者，你说这些假人能不能申报非物质文化遗产保护？"

我不知道如何回答他，就说："我帮你问问吧！"

艾合坦木低声告诉我，他曾背着父亲依不拉音，偷偷抱几个维吾尔族裸体假人到华凌市场后门口去销售，结果，没有一个人愿意购买。很多人宁愿花一两百元买一个拳头大的陶制阿凡提、翘胡子维吾尔族老人玩偶回家，而不会用同样的价格买真人大小的假人。也许买与自己身高相同的同胞回去会令自己难堪！也许根本就是教义的限制！总之谁也不买，甚至不来过问一下。倒是贝多芬、莫扎特、恺撒等人的石膏头像卖得不错。原因是有些人买其回家后，放在钢琴或书架上当装饰品。一些学校还用来给学生上素描课。就连那些古罗马、希腊人身像的复制品也卖得很红火。一个80公分高的"思想者"石膏复制像可卖350元。整人高的古罗马人树脂雕像可卖5000元。那些酒吧、度假村和桑拿宫等营业场所甚至能够批量订购，一买就是五六十个或上百个。他对此无比遗憾，但又无可奈何。

艾合坦木说，据他所知，除他父亲之外，乌鲁木齐另一些同行还是闯出了各自的路子。张文阁的铜雕和大漠土艺、阿尔曼·买买提的后现代雕塑、李刚的玻璃钢装饰性人体雕塑，以及马皋、王元化等人的雕塑作品，都形成了各自的风格和优势。

他自己试卖父亲依不拉音假人模特的另一个原因，是遵照百岁老父亲的遗愿，不让年轻的继母米娜依在生活上受罪。要是假人模特能卖上好价钱，她后半生的生活就不用发愁了。

8
纪晓岚的笔

虽然每年夏秋季节不在乌鲁木齐居住，但我还是在这个城市里居住得太久了！跟纪晓岚两年半的乌鲁木齐时光相比，我几乎是一个关于乌鲁木齐时间与生活的富翁，仿佛有永远也花不完的时间，有过不完的好日子。

然而，在读了纪晓岚的160首《乌鲁木齐杂诗》和《阅微草堂笔记》中的80则乌鲁木齐杂记之后，我发现，我所有的乌鲁木齐光阴似乎都白过了。因为时至今日，我连一篇关于乌鲁木齐的文字都没写。好像这是一个与我无关的城市。我只是冬春时节借居于此，而此地也借一些消费者出来购买我的蜂蜜。买卖完成之后，它是它，我是我，谁和谁也没多大联系。因为，毕竟还有更多的时光需要我到伊犁草原的蜂场上去度过。

先不说纪晓岚作品的内容如何，他写乌鲁木齐的这些作品至少填补了中国文学两个空白，即《乌鲁木齐杂诗》是中国第一部城市诗集，45万字的《阅微草堂笔记》是中国第一部长篇散文集。甚至可以说，直到今天，纪晓岚也是最集中生动和最大容量抒写了乌鲁木齐的作家，其凝练的笔调、鲜活的文体、开放的胸襟和在乌鲁木齐这样的地方对世界四大文明的兼容并蓄等，令人心神大振。

《阅微草堂笔记》是一部值得一读再读的书。蔡元培说："清代小说最为流行者三：《石头记》(《红楼梦》)、《聊斋志异》及《阅微草堂笔记》是也。"就在人们把《阅微草堂笔记》当作中国第一部长篇散文来阅读的时候，偏偏有人将其列入小说之中。如果说《红楼梦》是长篇小说，《聊斋志异》是短篇小说集的话，那么，《阅微草堂笔记》则是笔记体小说集。

小说也罢，散文也罢——按照最新文体划归方式，我们也许还可以称其为后现代派文学或跨文体类作品。其实，形式也许并不重要，重要的是纪晓岚提供给我们独特的文学享受和强烈的文字震撼力。我们甚至可以说，纪大学士通过他的笔，艺术地复活了历史，并把237年前的乌鲁木齐活灵活现地展现在面前，供我们观赏，从而使乌鲁木齐和作家本人同时具备了文学意义上的经典性。

让我们来读一读纪晓岚的乌鲁木齐故事吧——

《冥罚》　一对倾心相爱的男女终未成眷属，女孩只好随她所不爱的军校丈夫王某驻防到了乌鲁木齐。王某到伊犁差运军械时，妻子的恋人千里寻访来乌。两人短暂幽会后，想到终究还要离别，便相约殉情同死（共枕卧，裸体相抱，皆剖其腹死）。谁知，来到冥府后，冥官发现虽为羞事，但该女子阳寿还没活完，就鞭杖一百下，把她赶回阳间。乌鲁木齐办事大臣巴彦弼审理此案时果然发现，该女子臀部杖痕一片（视其股，果杖痕重叠），于是说道："既然冥界已惩罚了她，那么，这种错误就不必重复量刑了！"便宽恕了这位痴情女子。纪晓岚也对这对相爱而无法自主结合的男女给予极大的宽容和同情，并赋诗一首："鸳鸯毕竟不双飞，天上人间旧愿违。白草萧萧埋旅榇，一生肠断华山畿。"

《卖药道士》　一位道士在乌鲁木齐卖药。很多人说，这位道士擅长妖术。据说，有人看见他晚上在旅馆住宿。临睡时，从腰间的葫芦里倒出两粒黑药丸。转眼间，这两粒药丸变成貌似天仙的两位少女陪他睡觉。天亮后，两位少女飘然而去，他则继续出门卖药。记得明朝人陶宗仪在《辍耕录》里讲过这种事，认为这是道士的采生魂术，用吃马肉的办法可破解此术。正当纪晓岚准备强令该道士吃马肉时，同为流放犯的原知县陈题桥却阻止了他。

《风穴》　唐太宗在《大唐三藏圣教序》中所说的风穴鬼难之地，好像就是今天的吐鲁番、鄯善以东的百里风区。这里是风的巢穴。在沙漠里行走的人听到有人喊自己的名字，答应一声后就有去无回了。风穴像大井一样藏在南山，风会不时从中间吹出来。出风时，几十里外先听到波涛声，过一会儿风就到了。所过之处，宽不过三四里，可紧急躲避。躲避不及的，就把大小车辆用粗绳绑在一起，任其像大江之船一样颠簸。如果一车独行，则车轻如叶片，飘飞到哪里，就不知道了。昌吉有个名叫徐吉的遣犯，被大风吹飞了200多里才落下。徐吉后来说，被风吹飞时，他感到如醉如梦，身体旋转得像车轮，眼睛不能睁开，耳朵里像有万鼓齐鸣。口鼻仿佛被什么东西堵住了，好半天才能呼吸一口气。正如火气的源头在巴蜀，黄河的源头在和田的昆仑山一样，这里也应当是风的源头了。

《彭杞之女》　昌吉遣犯彭杞妻子去世了，17岁的女儿身患重病。因耕种官田，无法照顾女儿，他就把她扔进树林，生死由命。凄厉的哭声让人揪心！另外一位遣犯杨熺找到彭杞说，他愿意把这个可怜的女孩子抬回家治疗，死了他安葬，治好了让她做他的妻子。彭杞同意了。然而，半年后，该女孩还是死了。临终时，女孩感激杨熺恩德，并表示，既然有了伉俪之盟，那么，生时不能如愿，死后愿与他做夫妻。因此，整整4年间，俩人夜夜相会，梦中交欢。对于这个饱含人性深情的凄美情爱故事。纪晓岚深有感触地说，它比

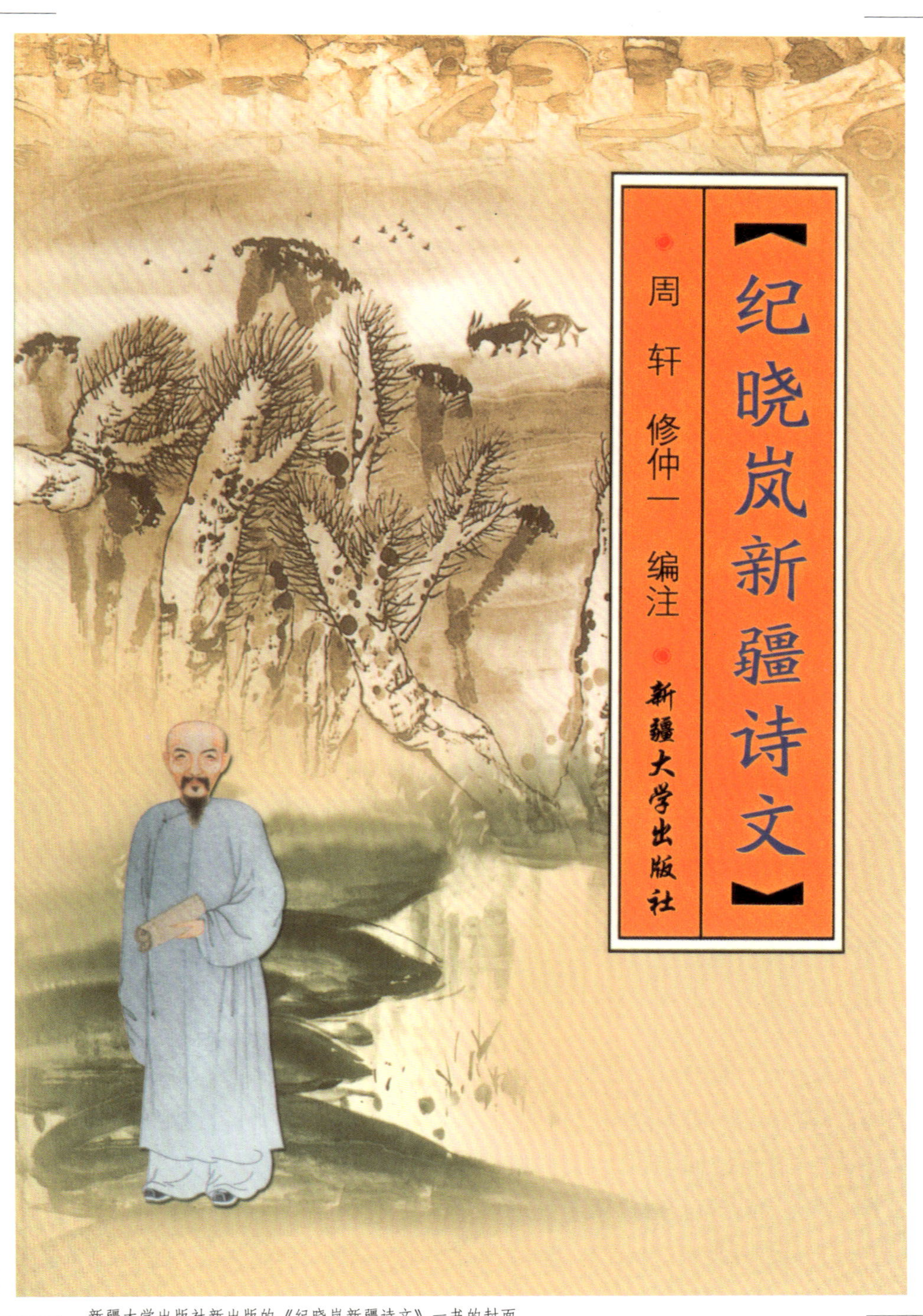

新疆大学出版社新出版的《纪晓岚新疆诗文》一书的封面

纪晓岚在《阅微草堂笔记》中所说风穴，就是吐鲁番、鄯善以东的百里风区。今天，很多人特意来此体验“如醉如梦，身旋转如车轮，耳如万鼓之鸣”的风沙感受

卢充金碗、宋玉瑶姬都更为生动感人啊！至于夜夜梦里欢爱，他博览群籍也从没见过，可谓天下之奇呀！

《阴间军册》 讲的是乌鲁木齐提督巴彦弼在梦中由冥官告知，阴间有黄红紫黑军册，记录军人在阳间的功过。《梦与非梦》中，有人把真事当梦境，也有人把梦境当真事。《女子变狼》中，乌鲁木齐军校王福等救人射狼，不想竟误中妇女。更没想到的是，这妇女竟然也变成一只狼。

…… ……

打开这部不算太厚的《阅微草堂笔记》，你会发现自己恍若进入一个时空迷宫，阴界、阳界、人界、冥办、兽界、物界……所有的故事列队走到一起，等你观赏。你肯定会发现不同层面上的多个乌鲁木齐，以及千奇百怪的乌鲁木齐故事和人物。你会恍然觉得，原来乌鲁木齐这么精彩和丰富呀！乌鲁木齐还可以被这样表述！那些平凡小事，充满人性光芒的行为及各类人物，到作者笔下，竟然被表述得如此准确、凄美和迷人。纪晓岚用笔复活了精神意义上的乌鲁木齐。

此外，纪晓岚通过160首《乌鲁木齐杂诗》教我们学习了如何更为细致和准确地观察并进入生活。他要我们知道，仅仅养蜂卖蜜、生儿育女还不够，要想办法悉心体会那些本质的事物，同时要学会感觉和表达。要把那些湿润的、细微的、幽冥的，甚至是可能的事物拣选出来，在心灵世界中给其注入应有的温度，之后来抚摸和思量。要诗意地居住、感知和发现，要把现实世界和生命——在本分而有力地维持住的同时，使其在人类的天空下绽放出璀璨的光华。

这160首杂诗中，无论风土、典制、民俗、物产、游览，还是令人惊奇的神异部分，纪大学士都以其敏锐的视觉和浪漫主义的情怀，给身旁的景物和人群以热情关注。读他的诗作，你甚至能感受到这位237年前的作家、学者在乌鲁木齐时的呼吸与心跳，能看到他心中的世界和眼里的乾坤，能体会到当时乌鲁木齐的风吹草动和万千风情。

《阅微草堂笔记》里，有一篇专写乌鲁木齐的文章，认为乌鲁木齐是一个男人在梦中得到的儿子的名字。这个名叫乌鲁木齐的人最终竟然在乌鲁木齐过了一辈子。

但在《乌鲁木齐杂诗》中，乌鲁木齐成了纪晓岚尽情发现和抒写的地方。在看到三面环山的乌鲁木齐城的地势是东高西低，城内之水全部向西流淌，城区居民不用井水，仅用渠水就能引水浇灌、粮棉丰收时，他欣然写到："半城高阜半城低，城内清泉尽向西。金井银床无处用，随心引取到花畦。"短短四句，就把乌鲁木齐的地理地貌和水流走势等情景活灵活现地表述出来。

作为世界上离海洋最远的城市，地处亚洲大陆地理中心的乌鲁木齐干旱少雨，所以，乌鲁木齐市周边农民从来不靠天吃饭，所有土地均靠冰雪消融后的流水浇灌。80岁的白发老农一生的全部耕种经验就是雪水灌地，甚至想象不出雨水浇地时的样子。纪晓岚在《引水灌田》中如是写："山田龙口引泉浇，泉水唯凭积雪消。头白农夫年八十，不知春雨长禾苗。"

这种适度的夸张，对写真景物的反衬，以及奇异的想象等，使纪晓岚的诗作具备了鲜活而浪漫的情调，豪放的情怀和蓬勃的思绪跃然纸上。即使到了几百年后的今天，我们还是无法不对作者深怀敬意。因为他似乎说出了我们今天的生活。他当时曾倡导兴修龙口水库，蓄水灌地。他的后辈乌鲁木齐人在他离开一个半世纪之后，终于修建了乌拉伯水库和红雁池水库、猛进水库等。当我们日复一日地享用这些龙口水库里的天山雪水浇灌出的粮食的时候，我们应该想一想诗人纪晓岚及其诗作。他曾明确说过："良田易得水难求，水到秋深却漫流。我欲开渠建合闸，人言流堰不能收。"

身为流放者，纪晓岚对乌鲁木齐产生了深厚的感情。在《流富不归》中他说，乌鲁木齐"到处歌楼到处花，塞垣此地擅繁华。军邮岁岁飞官牒，只为游人不忆家。"而在民俗篇的第一首诗中，他又写出了乌鲁木齐人的豪饮景观："一路青帘挂柳荫，西人总爱醉乡深。

谁知山郡才如斗，酒债年年二万金。”这种诙谐浪漫的笔调，以及汪洋浩荡的气魄，令人对边地乌鲁木齐骤然间心驰神往起来。纪晓岚的潜台词很明显，这是一个非同寻常的地方，是那种雄浑辽阔，豪情奔放之地。不来此地的人切勿妄谈感受，来到这个地方的人——来一次就会记住一辈子。

这160首诗基本上都是写乌鲁木齐风物的。据说，这是他在离开乌鲁木齐返回北京的路上写作整理出来的。每天两首，80天写完。走一路写了一路。

也许，所有这一切，都得感谢纪晓岚随身携带的笔和砚台。假如没有这些东西记录和呈现，他在乌鲁木齐的痕迹也许早就被时间的风雨吹打得杳无踪影了。

作为发配边疆的犯人，按理说，除了食品衣物，别的一概不许携带。但纪晓岚想，要是连笔墨纸砚都不能带，那还不如把他杀了算了呢！于是，他几次上书乾隆皇帝，请恩准他带一个砚台和一枝毛笔去乌鲁木齐。乾隆善心一发，批准了。纪晓岚高兴坏了，当即在砚台上刻诗一首：“枯砚天嫌似铁顽，相随同出玉门关。龙沙万里交游少，只尔多情共往还。”

纪晓岚，名昀，字晓岚，又字表帆，清朝乾嘉时期杰出的文学家、编纂家，任礼部尚

纪晓岚通过《乌鲁木齐杂诗》，教我们学习如何细致准确地观察并进入生活

书、协办大学士，1805年3月14日去世时，已有82岁的寿路。一连多年，乌鲁木齐人都以纪大人称呼他。

回北京前，纪晓岚特意到迪化关帝庙、城隍庙磕头上香。现在，高香和旁边的一棵树赛着长，看谁比谁更能代表一种持久的敬仰

纪晓岚天资聪慧，过目成诵。他有夜视的特异能力，夜晚不点灯都能看书。进清朝翰林院后，乾隆皇帝失手将一孤本图书掉入火盆中，多页被烧。纪晓岚凭记忆补齐残页，乾隆对其赏识有加。30多岁任翰林院编修，掌管经史，并纪录皇帝起居。44岁升补贵州都匀府知府。他把长女嫁给了两淮盐运使卢见曾的孙子卢荫文。

1768年，扬州两淮盐运亏空一千万两盐税案发，乾隆大怒，下令追究历任盐官之罪。皇帝身边的文学侍从纪晓岚想给大他35岁的亲家卢见曾通风报信，又怕被人发觉，最后想了个办法——在一个空信封里装了一把茶叶和一把盐，把信封上，让人送到卢见曾家。卢见曾一看，恍然大悟，据此读出“盐案亏空查抄”6个字。于是，迅速转移家产。查抄官来后，一无所获。得知纪晓岚走漏消息后，乾隆令其“充军新疆，效力自赎”。

当年8月，纪晓岚来到离乌鲁木齐只有60公里的昂吉尔图。凛气刺骨，百感交集，他哀叹道：“茫茫天山路自哀，千里坎坷到边塞。仲秋塞外风刺骨，何日自赎来路归。”

到乌鲁木齐后，乌鲁木齐办事大臣温福问他除了读书写字外，有何专长？他回答：“仅此而已，别无所长。”温福就留他在千总衙门文案房当差。第二年，温福调任福建巡抚。临走前，把侍奉他的24个婢女分赠给僚属。纪晓岚一介书生，不善自理衣食，温福就把其中一个名叫夏荷的婢女赠送给他。据说，夏荷后来给他生了个儿子，留在新疆吉木萨尔县。

温福对驻防大臣——新疆乌鲁木齐提督巴彦弼特别交代，要关照纪晓岚。同时还答应他，进京如能面君，一定要在御前伺机提及，为他开脱，以便他早日返京。

1771年正月，由于乾隆想编纂《四库全书》，故经首席军机大臣刘统勋推荐，纪晓岚终于“恩命赐还”，返回内地。5月抵京，10月诏见于密云。

在乌鲁木齐的两年半时间里，纪晓岚住在九家湾自建的木屋里，每天早上到衙门听差。他给自己的屋子起名叫阅微草堂。阅微取见微知著之意，草堂则学杜甫。

民国12年（1923年），新疆督军杨增新十分尊敬纪晓岚，就在同乐公园（现人民公园）仿建了一座阅微草堂，以纪念他为乌鲁木齐所做出的巨大贡献。1998年，阅微草堂翻修重建。

清同治时期，乾隆时代乌鲁木齐的文字档案在妥明、阿古柏之战中被焚，因此，纪晓岚的《阅微草堂笔记》和《乌鲁木齐杂诗》不仅以其重大文学价值彪炳青史，而且为乌鲁木齐留下了极其珍贵的历史资料，深受景仰。

作家与一个地方的相遇是偶然的，甚至是难以预料的。但正是这种偶然，却蕴含了无尽的可能性和神奇而神圣的生活状态。可以说，没有纪晓岚的到来，乌鲁木齐不可能成为那么多人如此辉煌的记忆。而没有乌鲁木齐这样一个令人心醉神迷的地方，纪晓岚也许不会有如此多的奇妙才思与奇文。他们彼此认识并造就了对方。

回北京前，纪晓岚特意到迪化（乌鲁木齐）关帝庙、城隍庙，叩头上香，并题写了“获持乾坤”、“神灵遐被”两块额匾。后来，一块随庙宇焚毁，另一块被人用作案板，残缺不全。

但他的诗文却很好地保存下来，并被一代又一代人传读。

现在我们再读一首他写葡萄酒的诗吧：“蒲桃法酒莫重陈，小勺鹅黄一色匀。携得江南风味到，夏家新酿洞庭春。”

H．理发师

《天山日报》记者尚青春的一句话勾起了我沉船一般的心事。他说：“盛师傅，你理过多少个真正的脑袋？”

开始我想，看看你尚记者这话问的——怎么这么不着边际呀？理发就理发嘛，咋能说成理脑袋？理真正的脑袋？什么真脑袋假脑袋的！可是仔细一想，这个问题远非这么简单，也不是可以这么随随便便回答得了的！我就开始回忆经过我的双手所整理过的大大小小的头颅。我也想弄清楚哪些是真正的头，哪些不值得一提。我思想的目光甚至伸向父亲盛自云的手，以及伸向爷爷盛天力的手。我想知道，作为理发世家，我们盛家人祖祖辈辈手里——从天津杨柳青到东北，再从东北到苏联到乌鲁木齐，一共有多少个脑袋被我们理过？其中有多少是好脑袋，多少是不好的脑袋？

说起理发的事，我三天三夜都说不完

我的名字叫盛文广，今年75岁。对于像我这样给别人侍弄了一辈子头发的人来说，除了说理发，还能说些什么呢？但说起理发的事，我三天三夜都说不完。

在天津杨柳青时，我的爷爷盛天力就一直给人理发。那时候把理发不叫理发，而叫剃头。男人留长辫子，把额顶上的一块头皮理出来就算完事。该洗的长头发给人家洗干净，再辫上辫子就行了。父亲盛自云的理发生活却曲折得多。1933年5月，他随东北抗日义勇军经苏联来到新疆乌鲁木齐。算是随军理发师吧！万里辗转，九死一生呀！能活着来到乌鲁木齐，算是命大的。到乌鲁木齐后，先在衣铺街，也就是现在的人民广场一带，给天津杨柳青人李养泉开的玉清池浴室当理发师。1941年到西大街的新盛泉浴室理发。50多年的理发生活，使他成为乌鲁木齐大名鼎鼎的一代名师，年近90岁还身板硬朗。

我是父亲5个孩子中最小的一个。给我起文广这个名字，是父亲希望我能够有文才，有文化和有大出息。没想到我最终也没找到别的工作，反而成了他的接班人。说起来，我给人理发的时间比他还长得多。这可能就是我的命吧！

你让一个具有60多年职业生涯的理发师谈他手中的脑袋……这看起来是个简单又正常的事情，但对我来说是如此艰难呀！老实说，关于理发，关于理发与乌鲁木齐的关系……我感到百感交集，又无从说起。即使说了，很可能也会牛头不对马嘴，或者说不

坐在门口乘凉的这位白胡子老人是我的邻居。他家开了个小餐馆。上了年岁后，他每天最重要的事就是每天5次祷告、去看朋友和在门口的大炕上乘凉

着边际。

这么说吧，我老爸盛自云是乌鲁木齐历史上第一个推出学生式发型的人，我则是第一个把港台流行发型引进乌鲁木齐的人。老爸到乌鲁木齐以前，这里的男式发型只有两种，即剃光头和推圆头。老爸就把天津、东北和苏联等地的新式发型带进来，使乌鲁木齐的大街小巷里出现了这样一些脑袋：背头、分头、平头、圆平头等。老爸的高明之处在于，他精通美容和心理知识，能根据每个人的长相、年龄、肤色、身材、脸型等具体情况，给他们理出满意的脑袋。

背头让一些老年人显得威风体面，分头使一些年轻人文雅而帅气，学究气很浓。而老爸真正的绝活还是理男式平头。他能给很多中青年人酌情理出圆平头、高平头、低平头、窄平头等。

他的刀子活更是精妙绝伦啊！无论剃头或刮脸，他都手法细腻，轻重适度，令人满意。很多人一辈子的脑袋都找他理。出门多远，都会把头发留着，直到拿回来让老爸给弄。这既是信任，也是尊重。老爸对此深感自豪。

那时候，全乌鲁木齐唯一与老爸形成竞争关系的人是陕西户县人陈文秀。这是乌鲁木齐历史上的第一位女理发师。20岁左右的丫头子，模样俏丽，性格开朗，手艺高超。说起来，她也算是我们的老乡呢！因为她是天津杨柳青人韩庆玉的媳妇。结婚后，小夫妻在乌鲁木齐东大街，也就是现在的中山路天山商场一带开了个庆玉理发店，后来迁移到中山路纺织展销中心大楼旁边。那时候，省立女子中学（现在的乌鲁木齐市第八中学）的女学

生全部到庆玉理发店理童花头。这种头型美观时尚，洗梳方便，最重要的是体现了东方女孩的贤淑与雅致，深得喜爱。加上陈文秀师傅为人热情，手法细腻，因此，全城年轻女人以到她的店里理发为时尚。她很快也成了乌鲁木齐家喻户晓的人物。

这样一来，我老爸理男人的脑袋，陈文秀理女人的脑袋。他们形成了乌鲁木齐奇特而清晰的理发格局。他们同时成为影响全城脑袋样式和发型走向的灵魂人物，深受景仰。

到了我掌管乌鲁木齐发型局面的时候，就再也不愿只理男人或女人的脑袋了。只要是脑袋，我一概料理。我同时兼并了两个脑袋世界，完成了老爸一直未能实现的全城发型市场统一大业。

我发现，人的一生中，有相当一部分时间是在头发的世界中度过的。老年人中年人如此，年轻人更是如此。看见迎面走过来的人时，你第一眼看的是其面孔，第二眼就是头发。反过来说也不为过，即第一眼看到的是发型发色发质，其次才是头发遮蔽下的脸，以及其下的衣服或身材等。鞋子是最后才看到的位置，但往往也是最能体现一个人品行与境界的部位。这就是说，头和脚是人体的两极。脑袋里的智慧和脚掌所聚集的全身器官的全部穴位，构成了人体和人生的核心命脉，同时构成了最佳生命结构。而所有这一切，都被头发所掩护、装饰和支撑。头发高高在上啊！傲视一切，又被一切所抬举。我却统领着这些头

再好的院子，没有歌舞可不行。有歌声和舞蹈，大院子就不空了！相反地却欢乐四溢，激情饱满。就连头顶的葡萄串也似乎格外硕大香甜起来

发。我是乌鲁木齐的头发之王。黑头发、黄头发、红头发、棕色头发。头发之花在我手里尽情绽放。头发怀揣梦想并抵达了梦想。

30多年前——或者更早的时候，我跟着老爸在新盛泉浴室学理发。我给男人理背头、分头、高平头或圆平头，但更多的时候，我愿意给女人理发。当时对老爸专理男人头发的经营观念有些抵触。可能是年轻气盛、正是长性格的年龄的缘故吧！愈是父亲坚持的，我就愈要反对，这对以乌鲁木齐男式发型专家著称的父亲肯定是个巨大的挑战和冒犯。虽然多年后他最终容忍了我，但在当时，他气坏了！他甚至一度认定我是不会在理发行业有作为的人，并表示出了足够的担心和失望。他害怕自己的男式理发王声誉遭受破坏，以及后继乏人。也害怕我把路走歪，影响了他的辉煌业绩与声誉。但我还是极其叛逆地走上了自己认定的理发王道路。

我的女人头发推理时光是从童花头开始的。这显然是受乌鲁木齐第一位女理发师陈文秀的影响。我年轻呀，没有太多的门户之见，想干的事就干了！当时，我认为童花头就是青春和美，是时代潮流和所有人的愿望。无论汉族女孩黑亮粗直的头发，还是维吾尔族女孩棕色的直发或卷发，童花头都让他们显得清纯美丽，端庄大方——童花头使每个女孩子都新鲜生动起来。

后来，我给乌鲁木齐每个年轻女人理剪头发。一连很多年，全城每个地方都有我理的剪发头在晃动。在大街小巷，在平房或小洋楼里，在机关单位、厂矿学校或农村，剪发头遍及所有的地方。虽然也有留马尾巴或扎羊角辫子的姑娘，但剪发头一时间成为最时髦的发型，迅速风靡乌鲁木齐城乡。不留剪发头的女孩——自己都觉得因为落后而羞愧。况且，剪发头确实能够充分体现东方女孩温柔贤淑的特点，能够表现女孩子的书卷气息。特别是黑色的直发，整齐而安静地垂悬于额顶或面颊两侧，还有后脑部位。不到肩部，却轻触肩部。黑色和粗壮健康的直发包裹着一张白晰而精致的学生脸，每转动一下面孔或眉目，这些好看的头发就在面容上飘来摆去。而每飘摆一下，都会重新打乱或归拢一次这种女性独有的美丽与安静。一天又一天，剪发头上的头发在女孩子们的脸上随意飘摆着，既让男生春心荡漾，又使女孩子们万端妩媚，生动无边。

1978年以后，乌鲁木齐发型世界的格局大变。所有的流行风头都来了，但又似乎没有了往日那种无可阻挡的唯一巨大的流行样式。多元化的、五彩斑斓的发型充斥着街头。理发店多了，理发的人多了，发型样式层出不穷。染发的、烫头的、焗油的、营养头发的、美容的顾客都来了。我虽然也在友好路、西北路、中山路等地方开了理发分店，但理发美发的项目已各不相同了。

我觉得，老爸时代那种只理男式发型或女式发型的专业店时代完全结束了，我的那种见了头就想理的单一童花头或剪发头时代也结束了。取而代之的是一个令人有些无所适从，但又无限向往的叫人眼花缭乱的各领风骚大半年的流行发型时代。对此，我有些失落，但又无限欢欣。因为只要技术好，能按照潮流走，我依旧有干不完的活儿。

可能你会觉得，说理发有些老土。因为现在的人把理发不叫理发了，而改叫美容美发，以及营养头发。有的人甚至不再提我们使用了几十年的理发名词，而直接叫做头。好像要给你重新制造一个脑袋似的，你说有多专业和直接吧！以前我用的发蜡、发胶被淘汰了，取而代之的是护发素、焗油博士、定型液、营养乳等。以往的剪发头不多了，只注意额头刘海儿的女孩也不多了，五颜六色的头发和爆炸式、玉女式、淑女式、波浪式、披肩式、前卫式、古典式发型出现在每一个应该或不应该出现的脑袋上，人们享受起空前的发型繁荣。

我的儿孙们没有一个人愿意子承父业了。尽管很多孩子也没找到啥好工作，但他们却不愿给人理发美发。这是一件让我伤心而又无可奈何的事情。我们世代相传的理发技艺可能在我这一代就要断了啊！唉，断就断吧！我总不能用枪逼着孩子们学吧！好在我已带出了一批又一批徒弟。也就是说，还是有些有志向的人愿意学习理发手艺呢！这让我很安慰。

或许，你们很难理解一个给人理了一辈子头发的理发师的感受。你们都不知道我有多

一家人围在院子里，抡起木棒敲打向日葵——这件事何其迷人啊！满院弥散着秋天特有的成熟芳香

用一种特殊的石头按摩头部——这是剃头过后的最大享受了

强的自足感和自豪感，也无法体会我这个职业理发师的深切感情。可以说，我的手艺已炉火纯青了吧！看一眼顾客，看一眼长相、气质和着装，甚至只需听一句来人说的话，我就知道该给他理何种发型了。我一般会提出建议，供顾客参考。他们也可以说出自己的发型愿望，比如山口百惠、孟庭苇、苏菲·玛索、林忆莲或梁静茹、陈慧琳什么的偶像人物发型，供我参考。我会让每个顾客满意而归。

走在街上，无论认识与不认识的人，只要看一眼，我就立马知道，哪些脑袋是经过我的手整理出来的，而哪些不是。几十年来，我理出过多少个脑袋？我不知道。有多少经过我一次又一次整理过的脑袋已不在这个世界上了？我同样不知道。我只知道，最重要的是不停地给人理发，并让每个人满意而去。

你们也应该知道，在我这里，所有脑袋都是平等的。无论中国人外国人，无论文化高低、职业是否相同、穷人富人，也无论你是汉族、维吾尔族、哈萨克族、蒙古族，对我来说，进门的都是客。我的剪刀下面只有同一个脑袋。我所要做的工作不是弄清来人的身份和贫富，而是根据头型、身材、肤色、长相等情况，选择并整理出一个恰当的发型，使头发与每个具体的人和谐起来。就这么简单。我尊重并喜欢每一个脑袋。

乌鲁木齐是一个国际性的都市，有大约48个民族的人群长期在这里居住。世界上各色人群频繁往来于此，因而形成了人类的头型博物馆。我可能就是这个无形而巨大的博物馆的特级馆员。

头型和发型是人种划分的重要依据。事实上，我有观察研究人类头型与发型的天然条件和便利。我一次又一次端详手里捧握着的每一个脑袋。我热爱他们。这种热爱使我的美容美发事业的崇高感更进了一层，同时也使我与我的顾客之间的感情加深了一层。当然，我的理发工作范围也扩大了一圈。

人的脑袋——就说头骨吧——由8块脑颅骨和14块面颅骨构成。头型与人脑的发育关系很大。不管黄种人、黑种人或白种人，按照马丁氏分型法，所有脑袋大致可分成5种类型，即长头型、超长头型、中头型、短头型和超短头型。但无论哪种头型，我发现，圆脑袋比长脑袋装得脑子多，因此，长圆脑袋的人比长长脑袋的人更聪明，矮个子的人比大个头的人聪明。这一点不难解释。你看，从猿到猿人，他们长的都是长头，古人类也长的是长头。只有人类进化到了现代之后，才长上了圆头。所以，现代人比猿人更聪明。幼儿刚出生时是长头，脑子越长越多，脑袋就渐次变圆了，人也聪明和开窍了！

经过观察，我还把我的顾客的脸型也划分出10种类型，这对理发时适当选择发型有直接的好处。这些脸是：圆形、椭圆形、卵圆形、倒卵圆形、方形、长方形、菱形、梯形、倒梯形、五角形。虽然身材、气质和脑袋对于发型选择重要，但脸形则是最重要的。我给徒弟们说，要是不用心观察和发现，就永远无法当上一个好理发师。他们则纠正我说，应该是美发师。他们还挖苦我说：盛师傅快成人类学家了！言语中有些羡慕和尊敬，但同时也有某种不当回事的感觉。这让我很担心。

我把这种担心打电话说给一位老朋友听，没想到朋友也不以为然。过了一会儿他发短信说，让我想开一点，现代男人有很多悲哀，比如：一手好字被电脑废了，一个好胃被酒废了，一个好家被情人废了，一个好官被人民币废了，一杆好枪被小姐废了！他还以《男人的一天》为题发来另一条短信：上班思来想去，下班电话约来约去，晚上吃饭眉来眼去，饭后唱歌摸来摸去，夜里桑拿翻来覆去，凌晨回家骗来骗去！唉！我没回他短信。我不知道怎么回他才好！

也许，所有事物对我的作用与影响都不及琢磨人类的头型和头发了。我是进入境界的人，或者说是入迷的人！我对头发的观察到了如痴如醉的地步。说起头发的事就精神，就心情愉快。

说起来也简单，我所有的顾客可分成直发、波状发和卷发三种发型。这三种发型分别代表世界上三个人种——黄种人、白种人、黑种人。

这位名叫乌斯曼的罗布人坐在这里，一边弹奏这个断了一根弦的都他尔，一边唱罗布歌，喝新疆伊犁特酒。他今年35岁，曾有过一个15岁的妻子。但不幸的是，妻子18岁时因脑溢血去世了

黄种人起源于东亚，又称蒙古人种。面相特点是额头、眉骨和颧骨较高，下巴较圆。黄种人的头发特点是直发——刚性的粗黑长发呀，顺直而不卷缩。我用放大镜观察，每根头发的横断面呈圆形，最大直径可达0.1毫米，是所有头发中最粗的。愈硬愈直的头发，横断面的面积愈大。至于直发形成的原因，我想这很可能同居住条件有关。黄种人起源于季风温带气候区的半干旱区，寒流频繁出现，皮肤的不断收缩使得毛囊位置垂直，因而就形成了直发。正由于直发粗壮茂密，黄种人的体毛则相应减少了。不过，黑直茂盛的头发理起来，真是过瘾啊！看起来，也柔顺健康，美丽无边。

白种人起源于北欧，又叫高加索人种。其面相特点是额平、鼻子笔直，嘴唇较薄。他们的头发呈波状。发根微弯，毛囊位置弯曲，口径呈椭圆形。正因发干生长受压缩，因此形成波发。每根头发的横断面直径约0.08毫米。白种人多生活在气候湿润、温暖的地方，皮肤的弛缓造成了波发的形成，并以金黄色或红黄色呈现在我们面前。每次给欧洲人或塔吉克人理发时，我会不由自主地想到阳光照晒在他们头顶时，所呈现出来的皮肤变化和毛发色泽。

黑种人起源于非洲，又叫尼格罗人种。面相特征是额头后倾，鼻子扁平，嘴唇突出而厚实。黑种人的头发基本上都是卷发，发根呈军刀形弯曲。头发生出后，不光体外头发卷

曲，而且皮肤内的部分也仍然保持着弯曲的结构。

为什么一定要弯着长？我对此一无所知。不过我想，这恐怕还是跟气温有关。黑种人多生活在高温多雨的地方，皮肤收缩的机会不多，所以不光皮肤松弛，就连皮肤上的头发也随心所欲地弯着长开了！正由于毛囊位置弯曲过大，口径呈扁平状，所以影响了发干的生长。等到一根根头发长出来后，就变成卷曲的螺旋形状，颜色呈黑色或棕黑色。

在乌鲁木齐这个亚心之都，我给天南地北的人都理过发。阿富汗人、印度人、塔吉克斯坦人、欧洲人等，都是我的顾客。经过我的手的头发大致有硬直发、平直发、浅波发、宽波发、窄波发、卷波发、稀卷发、松卷发、紧卷发、松螺旋形发和紧螺旋形发等。虽然说我们黄种人是直发，但事情也不是那么绝对的。因为中亚、北亚、东亚的多数居民和美洲的印地安人也是直发，其中爱斯基摩人的头发最硬。欧洲人有波状发，而澳大利亚、南亚、东南亚人也有波状头发。在新疆，维吾尔人、蒙古人中，既有棕色头发，也有黑色直发。头发世界真是个谜呀！

我的父亲盛自云活了87岁。1991年，乌鲁木齐第一位女理发师陈文秀也过世了。现在，我还活着。对于70多岁的我来说，不知道我的头发钻研道路过于漫长，还是太短了？无论如何，我热爱自己的职业，并热爱我每一位顾客的脑袋。

父亲在世的时候，常给我讲一个乌鲁木齐理发匠掉脑袋的事。他说，刚来乌鲁木齐的时候，他的一位同行理发手艺不错，但就是爱抽大烟和巴结当官的。一天，新疆督办盛世才来刮脸。刮到下巴颏底下时，理发匠大烟瘾犯了，问督办能不能给批上四两大烟土？看到明晃晃的剃头刀子在喉咙前绕搭，盛世才赶紧说可以。回去后，盛世才打发勤务兵把理发匠抓去说："给你批一粒子弹吧！当时我要是不答应，你那刀子往下一按，我还有命吗？"理发匠被毙了。

父亲讲这个故事，也许只是讲个故事而已。他肯定没想到我会一直记着这个故事。也肯定没想到，他的小儿子对理发美容事业的热爱能达到如痴如醉的地步。

9
西方人的目光

面对西方人的目光，我们的城市显得闪烁而游移。一方面，我们担心被人看出了破绽与不足。另一方面，我们迫切需要一种健康又正当的目光的赞赏与肯定。近百年来，我们的城市在一种看似自在自足的行进状态中期待着。

乌鲁木齐实在是一个很年轻的城市。

敦煌17窟藏经洞的一件唐天宝初年（742年）的手抄地志上说，轮台有人口集中的相当于乡的3个地方，约有250户人口。唐开运二年（945年），《旧唐书》说："轮台都护府，16番州之一，杂戎胡部落，寄于北庭界内，无州县户口。随地治畜牧。"

清康熙五十六年（1717年），清朝开始在乌鲁木齐驻军。清乾隆二十八年（1763年），修迪化城和巩宁城。如果从这个时间算起，乌鲁木齐的建城时间总共才245年。目前的城市人口250多万。

历史上，乌鲁木齐曾以不同的名字和地点游移于乌鲁木齐河川之内。达坂城故城、乌拉泊的唐轮台故城、九家湾的明故城、巩宁城、迪化城和乌鲁木齐城等，都曾温暖并照耀过不同时代的当地人和外地人。

按照中国人的风水学说，城市选址得依循"左青龙、右白虎，前朱雀、后玄武"的原则，或者是"前草后山，左池右冈"。也就是依山傍水或背山面水吧！乌鲁木齐城南靠天山，北依红山，西邻乌鲁木齐河。由于地处达坂城白杨河峡谷、柴窝堡凹地和乌鲁木齐河谷，东连走马川或赤亭道，西接碎叶道，扼守丝绸之路和南北疆交通的咽喉要道，因此，它既是一块风水宝地，又是军事和经济重镇，地理位置无可替代。

年轻的乌鲁木齐充满活力，地理位置重要，但同时也不可避免地存在着自身的弱点与缺陷。因此，近百年来，当西方人来到这里旅行、生活、工作或者一遍遍打量它的时候，它都呈现出了自己最本真的部分。

20世纪初，俄国人、瑞典人、美国人、英国人、法国人、丹麦人、日本人、匈牙利

这是典型的新疆维吾尔族彩色民居大门。门是一种实用建筑物，同时又具有无穷的象征意义

人都来到了乌鲁木齐。

后来出任芬兰元帅和总统的曼纳海姆（汉名马达汉），1906年8月从俄属中亚骑马进入新疆，六度天山。他对乌鲁木齐的观察细致而准确：

乌鲁木齐位于河岸上，四周有群山环抱，景色十分优美。城东的山脉看起来格外壮丽——巍巍高山，连绵不断，博格达山三座白色雪峰耸立在群山之巅。城北一溜小山丘延伸到河边，突然成了垂直的河岸陡壁，并组成石子河床。风景美丽的岩石山下，尼姑庵的飞檐屋顶在深灰色岩壁的映衬下显得格外有情趣。一座红色的小塔建在山顶的岩石上（红山塔）。城北是中国城堡，城南主要是维吾尔人居住区，南端是特地设计建造的俄国商业区。古城城郭呈六角形，四周的城墙已经有些坍塌。城内的房屋建筑十分稠密。寺庙、会所、贞节牌坊等建筑物增加了建筑风格的多样性。

另一位俄国人尼·维·鲍戈亚夫连斯基曾在中国西部地区任领事。他于1906年写就的《长城外的中国西部地区》是一部20多万字的迷人作品。该书第14章是专写乌鲁木齐的篇什。他对乌鲁木齐的描述和把握同样精到。

他说，乌鲁木齐修建在天山北边的山地丘陵上，四面环山，只有西北方向有一条可以通往塔城、伊犁及俄国边界的山谷。他显然注意到了我们城市的守护神博格达雪峰。他说，乌鲁木齐东面巍然耸立着终年积雪的博格达峰。虽然离城很远，但它似乎以自己的雄伟气概统治并压制住乌鲁木齐周围的全部地方。在灿烂阳光的照射下，巨峰长年闪闪发光。环城四周山岩绵亘，别无他物。一个看惯了俄国原野和森林的俄罗斯人，在这些面目森严的庞然大物（群山）威逼下，会感到抑郁沉闷。乌鲁木齐海拔高，空气稀薄。冬天，初来者呼吸和行动会变得困难，并且会头痛和心跳加快。

关于乌鲁木齐的建筑，他着墨最多。认为，全城建筑样式最讲究的地方依次是政府机关、庙宇和同乡会馆。然而，由于当局对他所管辖的居民不大信任，所以，政府机关全修在营盘工事里，同乡会馆也居于深宅大院里，从坚固的草泥围墙外只能看到房子的瓦顶。于是，没有围墙的庙宇就成了深受关注的建筑物。城隍庙、关帝庙、文庙、武庙、老爷庙、财神庙等，应有尽有，雕饰图案之精美令人眼花缭乱。所有建筑的布局是：院落深处正对着大门，正房为长方形。大门两侧是厢房，与正房成直角。而伊斯兰教教徒的宅院大门经常关着。即使门开着，住房也被某种杂用建筑挡住，所以想看到院内部的景致比较困难。按作者的说法，1903年时，约有13万人口的乌鲁木齐已经十分令人着迷。

相对于曼纳海姆和鲍戈亚夫连斯基细致准确的风光景物描述的，则是瑞典著名探险家

瑞典著名中亚探险家斯文·赫定，一生多次来中国新疆、西藏等地探险，著作等身。这是他在斯德哥尔摩家中著书时的情形

斯文·赫定关于乌鲁木齐的全方位讲述。在这里，我想重点呈现他对乌鲁木齐人的观察与记录。我想知道斯文·赫定对当年叱咤风云的新疆军政要人杨增新、金树仁、盛世才、李溶、和加尼牙孜阿吉、马仲英等人的看法。

斯文·赫定是一位值得尊敬的西方人，新疆所有的人都应当记住并感谢他。这位被中国学者杨镰先生称为“中国西部最后一位古典探险家和第一位现代探险家”的人，同时还是作家、画家、地理学家和地图测绘家，1905年被选为瑞典皇家科学院院士，1913年被选为瑞典文学院院士，被授予11个荣誉博士学位，1902年被封为贵族——这是最后一位获此殊荣的瑞典人。他一生的绝大多数时间都在包括新疆在内的中亚大地上探险，著作等身。1952年，他以87岁高龄在斯德哥尔摩寓所病逝时，人们给他的评价是：“他选择了意志和工作为行动口号，拥有近乎无法理解的工作能力、独一无二的奋斗方向、明确的目的、力量和决心。”

他写新疆的关于战争、道路和湖泊的著名三部曲作品，分别是《马仲英逃亡记》《丝绸之路》和《游移的湖》。1942年12月，也就是在他离世前10年的时候，这位出版了23卷文集的人又推出了他的不朽著作《亚洲腹地探险八年》。在这部时间空间跨度极大的60多万字的巨著中，斯文·赫定先生多番写到了在乌鲁木齐的见闻与经历。

《亚洲腹地探险八年》主要讲述1927年至1935年间，斯文·赫定等人在新疆进行科学考察探险活动时独特而传奇的经历。特别是1928年与1934年，这是新疆现代史上的重大转折时期，杨增新遇刺，无能的金树仁上台，并把新疆拖入内战的泥沼，马仲英与盛世才的战争到了关键时期。这就使得斯文·赫定对乌鲁木齐的印象并不好。这位拥有“天使般耐心”的人，竟然多次写到：“乌鲁木齐城外的街上，脚下仿佛踩得是无底的泥潭。”

关于杨增新

我们终于脸对脸地站到了这位新疆独裁者面前。他带着一种岩石般严肃的神情和直透人心的目光，一一巡视着眼前的每个人，握手向我们问好，并几乎令人难以觉察地点点头。从他的目光里，你能发现某种迷惘、忧郁和冥思。他长着高挺鼻梁和雪白的山羊胡子。他1862年生于云南，在甘肃担任过不同军职，之后一点点升迁，直至担任了新疆督军。17年来，他用铁腕镇压了任何敢于反抗他统治的叛乱。杨督军真正敬畏的人是“基督将军”冯玉祥。也有人觉得他是个公正的人，在他那支约2000多恶棍组成的部队中，施行绝对严格的纪律。

他（杨增新）带着一种岩石般严肃的神情和直透人心的目光。从他的目光里，你能发现某种迷惘、忧郁和冥思

乌鲁木齐同乐公园是杨督军的一件德政。它的建城不仅是为了百姓娱乐，也是为了给自己增光。真正的纪念大厅里正面墙上有个祭台，墙上挂着杨将军身着制服的全身画像。从正面看上去，像是一幅圣像，就如同他已经过世了似的。

席间，杨将军请我回瑞典后，为他买10辆适用于在新疆的道路上行驶的汽车，等我回来时他付给我这笔钱。还让我带两个会讲俄语的瑞典技师来，帮他修理汽车，每人每月工钱300块银元。

杯中倒满了香槟酒。杨将军站起来致祝酒词，包尔汉当他的翻译："你们，各位先生们来到这里，是对科学、对新疆以致对整个中国的一件幸事。你们将从这辽阔的大省里探索出自然的秘密。你们会发现宝贵的金属矿藏和煤矿，并在我们自己努力的前提下，教会我们怎样使新疆繁荣。我将在各方面支持你们的活动，并视它为我的职责。"

关于樊耀南

宴会在交涉署署长樊耀南的官邸举行。这是一座俄式建筑，但院子却是中式的。席间，双方谈笑甚欢，酒菜也极为丰盛。显然，从眼前这粗俗的奢华宴会中，我们也看到，中国人确实在一切方面都表现出对我们的尊敬。

关于金树仁

金树仁站在官邸前，一副底气不足的样子

金树仁瘦高的身材、长脸、长鼻、尖脑壳。他点头微笑着把我们让入会客室的长桌旁落座。桌上摆着烟、茶。屋子里有6名身穿草绿色军装的卫兵站岗。

11月25日，我们宴请中国官员。金督军借口处理紧急公务没有出席。自从杨督军被刺以来，金再也没敢迈出督军公署大门一步。

我们决定在宴会前演电影。这在乌鲁木齐是一件极不寻常的款待。银幕前坐满了人。乌鲁木齐的绅士们的面前出现了我的祖国——瑞典：排列整齐的士兵，海上驰骋的军舰，天空翱翔的飞机……所有这一切，对于他们是那样的陌生，那样的新奇。

新疆原本是中国少数几个没有盗匪的省份之一。生活在这些善良的人们中间，我们从来不用担心自己的安全。可是现在，在光天化日之下的大街上，士兵竟敢伤害无辜平民。

盛（世才）督办有一双敏锐的眼睛

关于盛世才

盛督办有一双敏锐的眼睛，尽管他总在回避我们的注意。他开始向我们询问旅行的情况，看了护照，井井有条地做着每件事。

此时，乌鲁木齐的谣传像夏日牧场上的蚊蝇一样。

盛世才在乌鲁木齐做的某些事情实在令人迷惑不解。不少外国人出于种种原因来到新疆，他竟长时间扣留这些人。

关于李溶

乌鲁木齐永远是个丑恶与美好并存的地方。

人们在这里结婚，也在这里死亡。

过去的地方官李溶，9月初刚死了夫人，但9月19日，这个矮胖和善的老头就又结婚了。新娘是个相貌丑陋的30岁寡妇。

婚礼队伍有12辆马车。而一个法官的灵车队几乎与他们同行。

关于宴会

外交官员举行了一次晚宴。宴会变成充满了野蛮和粗俗的消遣。

和加尼牙孜阿吉是盛世才的盟友和阶下囚

菜是俄式的，厨师和侍者也是俄国人。大多数中国人都已略带醉意。他们中的一些高级官员摇摇晃晃地把饭和白兰地倒在别人的头上。满苏尔巴依和另两个维吾尔人庄严地坐在那里，既不喝酒，也无任何表情，似乎想保持和平和安宁。但他们却管不住自己的舌头，任意攻击主人和其他宾客。宴会上一片混乱。

关于和加尼牙孜阿吉

9月30日的年度运动会上，我认识了和加尼牙孜阿吉。

他是维吾尔人的首领，当地伊斯兰教民的领导者，同时也是个麦加朝圣者。这个有点粗俗的人并没给人留下深刻的印象。我虽然用当地语言和他聊天，但他总是回答是或不。很明显，他感觉如果多说一个字，就会让人怀疑他是个头脑简单的人。

和加尼牙孜阿吉在此地的处境十分微妙。在战争中，他先是马仲英的人，因为马仲英是个穆斯林。但随后他又跑到另一方帮助打了几次仗。他曾得到盛督办的承认，有自己的法庭和卫队。但维吾尔人都不承认他，他们恨他就像恨一个异教徒。盛督办任命他为副总司令，用这个无任何实权的头衔把他困在首府，置于直接监视之下。

关于地震

8月7日下午5点45分，我们3个瑞典人坐在起居室里。贝格曼大声谈着什么，突然发生了强烈地震。杯子里的茶溅了出来，窗户框咔咔作响。赫默尔和贝格曼马上跑到院子里，而我却好奇地在屋里看房顶是否会掉下来。不远处3座破房子塌了，据说砸死了4个人。

地震后两天，听说有30人因策划谋反被捕，其中15个人被盛督办枪毙，5个人是白俄。

关于马仲英

对于尕司令马仲英来说，一切都不是不可能的

他是乌鲁木齐所有敌人中，最危险、最强大的一个。他毫无阻挡地到达了古城子，成为那一地带具有绝对权威的独裁者。

马的性格中另一个突出特点，是他无止境的野心。他在和他的顾问的谈话中，竟然毫不害羞地提出了一个和德国、俄国、土耳其联盟，征服全世界的计划，且各个大国都得跟着他的笛声旋转。

如果他有足够坚强的意志和耐心，等他自己接受了现代战争艺术彻底训练的话，他凭借自己的才干和决心，是会登上统治中国的权力最高峰的。

对于马仲英来说，一切都不是不可能的。没有任何困难的地域能阻挡住他的前进。只要这个“尕司令”像一艘鬼船似的在沙漠的海洋里浮荡着的话，亚洲的这一部分地方就不会得到安宁。

尕司令以他不顾一切的大胆、无情的残忍和难以形容的快速度，取得了影响人们心情的一种奇怪的力量。

关于乌鲁木齐的外国人

1934年6月初的一天早晨，我们驱车直抵俄国驻乌鲁木齐总领事馆。总领事卡列金·阿布拉莫维奇·阿布列索夫立即接见了我们。这是一位亲切坦诚、谈笑风生、令人愉快的先生。他不仅没有对我们产生怀疑，而且表现出友好。

邮局职员哈拉尔德·凯尔克嘎尔特48岁了，一头白发。和大多数丹麦人一样，他快乐而和蔼可亲。一个星期后，他将离开乌鲁木齐返回哥本哈根。可以想象，无论到什么地方，与这魔窟一样的地方相比，都将是天堂了。他的工作接替者陈先生安静、诚实、可靠，是个好人。

在这里，我们还遇到了老朋友希柏林涅尔神父和别达辛科博士。

1928年3月初，我们住处所在的这一地区叫俄国租界或洋行街，因为最靠南的这片郊区已开放给300多名在乌鲁木齐寻求政治避难的白俄难民。他们中绝大多数人生活在社会底层，靠当乐手、面包师、洗衣匠、缝纫工等谋生。

乌鲁木齐还有两个俄国医生和药剂师。两位英国传教士理德列依和亨特属于中国内陆传教团，30多年前我曾在西宁见过他们。

当地还有一个邮政官员是爱尔兰人卢伦先生。他与年轻迷人的夫人住在汉城一幢极好的石头房子里。

另一个欧洲人是年轻的德国商人希尔默尔，他是浮士德合作公司的代表。他帮我们找人雇人，购买了马匹和给养，替我们取回从欧洲等地寄来的邮件。

我在拉尔生和李伯冷的陪伴下，拜访了新领事加夫洛先生。我们从俄国总领事及他的随员那儿得到了殷勤的帮助，也接受了他们良好的祝愿。

关于同事

此刻，当我合上眼睛，考察团里一长列诚勇的亚洲人的形象又出现在面前——汉族人、蒙古人、维吾尔人、俄罗斯人、塔塔尔人、柯尔克孜人、藏族人、波斯人及其他民族的人。出于同志式的友情，我是多么不愿意现在才使他们了解和感到，对于他们的忠诚奉献和恪尽职守，我怀有一种多么深的感激和赞美之情。

斯文·赫定的这些关于乌鲁木齐的人和事的注视中，除关于马仲英的部分选自精彩纷呈的《马仲英逃亡记》一书外，其他均出自《亚洲腹地探险八年》。这位伟大的探险家不仅进行过3次大型的中亚探险，仅在我国西部地区的探险活动就有8次之多。期间曾被马仲英逮捕，并被盛世才在乌鲁木齐监禁了4个月。他率领的中瑞中国西北科学考察团被誉为“流动的大学”。之所以选用斯文·赫定的语言来表述自己的观察和感受，是因为——这样更能准确、直接而有效地体现一个西方人对于乌鲁木齐的真实认识与判断。但愿这种方式能够被你们所接受。

盛世才曾是新疆大权独揽、不可一世的大独裁者。面对斯文·赫定这样的西方学者，当他闪烁不定地游移着表情和目光并竭力躲避对方的注意的时候，他显然是内心慌张和不自信的。这种不自信不仅表现在他的过于狡猾和残忍的统治中，而且表现在面对西方人健康而智慧的目光的力量上。这种平和又真挚的目光的正当重量，肯定让他感到了压力与恐慌。

事实上，对于每个乌鲁木齐人来说，我们在某种程度上都担心陌生人或西方人怎么看我们的城市。我们会因此而不知所措，甚至深感焦虑与痛苦。

作为“美丽的牧场”，年轻的乌鲁木齐显然还没有修炼出足够浓厚的从容与大度，也没有高深的历史文化内涵与强大精神背景。特别是被一些特定的环境与因素制约之后，我们急于从农业社会或牧业社会朝商业社会及现代文明社会转型。这种时候，我们更加在乎西方社会对我们的看法与评定。我们希望这是一个多种民族和文化融合的混血的城市，希望这是一个独特而美丽的地方，同时希望拥有强大西方文明背景和智慧的西方人，赞扬这个东西方文化交汇的地方有味道，有活力，有前途，以及在某些方面更像西方。

我的朋友提姆来自美国。他的汉文名字叫魏一帆。在日本生活了4年之后，又在乌鲁

这是1928年乌鲁木齐市南门至山西巷的道路情况——淤泥深达半尺。难怪斯文·赫定说：“脚下仿佛踩得是无底的泥潭”

木齐居住两年。他一边在新疆大学和乌鲁木齐市第八中学任外教，一边悉心体会乌鲁木齐的生活细节。他对乌鲁木齐的认识是具体的、深入的和诚恳的，甚至尝试着把有关乌鲁木齐的书籍翻译成英文，拿到美国去出版。

2007年秋天，28岁的提姆突然给远在伊犁蜂场的我打电话说，他最想做好的一件事就是尽快考得一个中国驾照，开一辆越野车，把车窗玻璃摇下来，一边听维吾尔或蒙古族民歌，一边漫游到伊犁草原来跟我一起放几天蜂。我说，那你赶快考吧！他说不用考。几天后，他坐着朋友的汽车赶来了。

在蜂场，我们有了更多的时间一起交流与了解，其中很多谈话内容是关于乌鲁木齐的。

他说，对一个16岁的美国人来说，得到汽车驾驶的特权是通向成人道路的一大步。而对乌鲁木齐的朋友而言，得到实习驾照，既是对未来的一种投资，也是今天的一种新奇体验。所以，很多乌鲁木齐人都在争考汽车驾照。他也想在乌鲁木齐考得一个呢！

就在美国电影大片、食品、服装、音乐等席卷乌鲁木齐的时候，身为美国人的提姆却产生了不解和担忧，认为这种西化浪潮值得思考。

一个小伙子曾指着乌鲁木齐的连锁快餐店对他说，乌鲁木齐满大街都有肯德基等西餐厅，他一定能感到住在乌鲁木齐就像住在家里一样舒服了！他认为这是第一个误解；第二个误解是：快餐就是西方生活方式。

在沙漠及其边缘地带，我们往往看不清梭梭的死活！很多时候，它们以死的方式活着。死和活，都是那么硬朗、刚烈和坦然

一只秃鹫站在我们面前，翅膀一张就有好几米宽

提姆承认，遍布乌鲁木齐的肯德基和必胜客等都是世界上最有名的快餐品牌，而且都来自美国。然而，2/3的美国人不上这类餐厅。虽然奶酪、汉堡包、比萨饼和烤鸡都属于美国美食，但却并不代表是菜单上最好的选择。

尼尔森市场研究公司进行国际网络的快餐消费调查发现，只有35%的美国人每日要吃一次快餐，而香港人的这个比例竟高达61%。世界上前10个最佳快餐市场中的9个在亚洲和太平洋地区。世界第一快餐连锁店麦当劳的3万个店，并没有把美国最好的美食输出到国外，输出的只是一个渴望方便的现代生活方式。在今天的乌鲁木齐，很多年轻人就明确把麦当劳当成现代生活方式的代名词。

1994年，第一个麦当劳餐厅在科威特开张那天，1.5万人排了10公里长队购买。作为美国人，提姆无法理解这种现象："因为对我来说，麦当劳代表现代化的消极方面。我就希望在乌鲁木齐永远看不到它，更不会因它而产生家一样的感觉。"

几天后，提姆又给我讲了一件事。一天，他乌鲁木齐一位朋友的小女儿把自己最喜欢的玩偶抱出来给他看。这个玩偶是一个蓝眼睛、黄头发的洋娃娃。他问小女孩："你觉得她漂不漂亮？"小女孩微微一笑说："不知道。你觉得呢？"

提姆说："我不得不考虑这个黄头发、蓝眼睛的西方玩偶是否正在成为她心目中美丽的标准。这是我问她漂不漂亮的原因。不过，她把问题反过来问我，并使我变成《白雪公主》中的镜子里不愿说话的声音。我回答说：她很漂亮。她笑了。我在想，下个生日，我要送给她一个与她每天在镜子看到的一样的——黑头发、黄皮肤、黑眼睛的玩偶。因为，有着相同面貌的乌鲁木齐女孩，也许更加漂亮和可爱。”

提姆在我的蜂场生活了一个星期。他说，他的愿望是：有一天在他美国的家乡开一个馕铺子，把乌鲁木齐的维吾尔打馕师傅请过去打馕，让很多只知道麦当劳的人能吃到这种新疆美食。

Ⅰ.邹井人

这是一个人的世界。这个世界里只有你。你既是国王，又是臣民。你在这个世界里已居住得太久。你肯定还会持续住下去，直到你再也看不见你的世界。或者说，直到你的世界再也找不到你。

年岁大一些的人，都叫你邹本卫。而更多的人则叫你邹井人。我们这些采访你的人，就是通过邹井人才找到你的。时间长了，你也慢慢接受了这个名字。仿佛你从来就叫这个名字。这个名字已成为你生命的一部分。名字的命运也成了你的命运。

那么，这是一个怎样的世界？或许可以问，这个世界的名字叫什么？这个世界很大吗？

事实上，这个世界仅仅只能容下一个人——你自己。习惯上，大家把你的世界称作微雕。当那些尽人熟读的诗歌或绘画被你雕刻在一块鸡蛋或核桃大小的石头上的时候，人们惊奇得目瞪口呆。这是空间的胜利，也是视觉的胜利，更重要的是精神的胜利。你用刻刀击败了时间。你在一个特殊的世界里，实现了某种生命价值。

雕刻刀。一种钢与木的结合体。锋利的刃，划向所有该划的地方。在木头把手的挟裹之中，锋刃感到安全而有力。以一种无敌的姿势前进，以渴望抵达渴望。木头则温暖、柔软而坚韧。按照足够的力度存在，纯洁地哭泣或笑。木头牢不可破地柔韧着，既知道如何站稳自己，也知道怎样把钢尖张弛有度地往石头上推送。木头能看清并走好时光中的路。当他们携手前进的时候，整个世界都在微笑。

放大镜。这是所有秘密的核心。它几乎不是现实世界的物质，而像一个梦。它随意放大或缩小世界。所有物品在它看来，都是活的，是变化和伸缩的，同时也是可以随手改写的。在放大镜那里，一切都是可以改变的，一切都是可能的。时间和空间变成一种超级物质，一种可以随意变形的弹性无限的橡皮泥。一根针可以成为一只航空母舰，一块石头就是整个太空。而这种变形或放大的物质，正好给一切创造的目光提供了发现与探索的天赐良机。那些艺术家，那些精神的富翁们兴奋难耐。那些热爱梦境的人们，整天握着放大镜看个不停。他们的全部感觉器官都浸入梦里。他们打捞这些梦的碎片，然后组合梦。他们在梦的世界里发现了更大的梦，更多的梦，以及梦中之梦。他们物我两忘。他们在那个更加辽阔的空间里触摸到了一种大境界。他们是大地超人。只有更加坚定的灵魂和强大的思想才能触及他们。只有太阳的光环才配得上给他们佩戴。他们一天又一天沉醉和工作。彻夜劳作，永不停息。应该说，他们因找到了一个梦态的放大镜世界而狂喜。放大镜因艺术家的迷醉而迷醉。

手。这是非凡的手。你以一个北方男人的手操持这一切。左手或右手。它们的配合是如此默契、娴熟与完美。这是天生的一对呀！在你的意识的支配下，它们无可挑剔地完成着各自的工作。它们像训练有素和装备精良的战士，英勇无畏地朝眼前大大小小的石头发起冲锋。它们挥舞着雕刻刀——不，它们依靠雕刻刀，往前进发。向前是唯一的方向和出路。它们在石头上播种文字和图画，播种花草和动物，同时播种天空和大地，也播种心底的大爱大美，最重要的是播种自己的疼痛与哀伤，以及内在的冲动与希望。你像一个指挥若定的将军，有效调遣着左手和右手，命令它们完成一切你想完成的工作。你是如此心痛与信任它们。你知道，只要你想到，它们就能做到。有时候你没想到，它们已出神入化地实现了你潜在的愿望。甚至不想要你想，它们的创造性劳动已出乎预料地建造出一系列作品的大厦。它们完成得比你想象的效果更好！这就是你的传奇之手。它们在真实得无法回避的现实世界中，令人难以置信的创造出了另一个世界——那个我们的肉眼几乎无法看见的微小而强大的神奇世界。它们只在放大镜下工作。把一切放大，然后又把一切还原。在放大的状态下创作，又在宁静的环境里观赏。它们有序地构建一个崭新的世界，并使那种破碎、变形的世界得到一种超现实的完善和再确定。它们就在一种现实和超现实的空间里游走，在一种看似摇摆不定的状态里确定了自己和世界。有时候你觉得，你的双手不像是你的手，而是神的手，是具有神的意志和性能的手。它们在你眼前奇迹般地建起一座座伟大的艺术宫殿。它们的奋斗结果远远超出了你的期待。它们在一种看似粗枝大叶和漫不经心的劳作之中，竟然天才般地精致而灵秀地再造了一个微观的世界。它们是你的手，却以超出你力量控制范围的方式工作。甚至在灵异的维度之中，通过意念工作。你都感到惊奇呀！五大三粗的男人的手，怎么可以创造出如此精微的境界和乾坤呢？

石头。大地的骨头。也是你的世界存在的依据。你得靠它们来实现自己的雕刻梦想，

砖坯列队站在这里，等待阳光，也等待搬运它们的手

它们则在你的雕刻中呈现出另类的图景。在你的手中，石头远非先前的石头了。原本普通的一块石头，骤然间身价倍增，变成稀世杰作，成为令人瞠目结舌的艺术品。这时的石头，已不仅仅是石头了。灰姑娘变成了公主。还远不止于此。物质变为精神。精神第一性，物质第二性。精神的高度大于物质的高度。甚至连名字也悄无声息地换了。人们不再叫它们石头——无论鸡血石或戈壁石什么的！而叫它们《大漠驼铃》或《金刚经》。你以手和诗意赋予石头以崭新的生命。普通石头纹理太粗，你无法微雕。新疆和田玉太贵、硬度太大。于是，你就改用别的材料。煤矸石、戈壁石、鸡血石、巴林石、青田石、寿山石……你都尝试着用，甚至试用过冻石和彩石。但你最喜欢使用的还是鸡血石。晶莹瑰丽，温润柔和，价格适中，极适雕刻。所以，你的作品中绝大多数原料是鸡血石。日复一日地雕刻呀！你把所有的力量，把全部的青春与汗水都雕刻到了这些石头上。你所有的目光都镶嵌进石头里。

眼睛。眼睛的容量有多大？眼睛——目光的硬度有多高？一个人一生中，无论梦与醒，要是不停地看的话，他的眼睛里能装下多少美好与丑陋的事物？对你本人来说，你的眼睛能够看出多少个微雕作品？无论如何，人们第一次看到你时，首先看到的是你像酒瓶底一样厚笨的眼镜，以及你高达1200度的近视眼。被你注视的人，都心生恐惧。因为大家觉得，你不是用寻常的眼睛看人，而像从另一个时空隧道里张望。你的目光仿佛刚从某堆古墓里拔出来，且不住伸缩和调整着，一时间还找不准焦距——之后羞怯又坚定地伸向来人。你把目光投放到来人脸上的时候，显得有些局促有些游移。你像一个外星人——正在打量另一个外星上的来人。你好半天才看清他。但你并没有认出他。即使他是你的儿子，你也一时没能认出他。等到最终认出他后，你又深感羞愧。不住地搓手，扶衣领。或者大口大口喝茶，以掩饰你的惭愧与不安。目光是有重量、有硬度、有寿命的。你的目光一截一截地折断，并嵌入时间，嵌进微雕作品——那些石头里了！要是谁有心，也许就能够从那些雕刻作品里搜刮出你目光的残迹，你的记忆和爱，以及你全部的青春和力量。那就这么搜刮呀！要不了多久，人们就会从这些石头上的字画中，搜刮出一个完整的你。

微雕。微即小。微雕就是微小的雕刻。有多小？小到你必须用放大镜才能看到。所以，你必须用放大镜去雕刻。这即是说，你所有的工作都得在放大镜下进行。放大镜是个魔镜。它破坏了世界，也改变并再造了世界。你在这种物件的帮助下，放大了世界，还原了世界。在一块拳头大小的石头上，你雕刻上了庄子的《逍遥游》，一个鸡蛋大小的石头上，你刻写了杜牧的《阿房宫赋》、范仲淹的《岳阳楼记》，还有更多的大漠、胡杨、骆驼、毛驴和马，当然还有山水、花鸟和人。这一切是怎么实现的？人们惊呆了！更有惊奇的是，在长10厘米、宽4厘米的一块冻石上，四面上方刻有《孙子兵法》13篇，四面下方刻着群马奔腾图。人们拿起放大镜——人们轮流拿放大镜欣赏，洋洋洒洒7000多字呀，就这么刻写于方寸之间，行云流水，天然成趣。人们得到的不仅是震惊，更多的则是一种关于现存世界的再认识。作家王蒙对你的微雕作品推崇备至，认为神妙至极，称你为中国微雕大师。1994年，新疆人访美。你在瓷盘上微雕新疆山水图案。这个瓷盘被当成国家礼物，特赠给美国前总统卡特。微雕的世界有多大？也许你也不知道。你觉得很大，因为它几乎是你全部的生命与空间。也许很小，因为它连你的青春都装不下。任凭光阴流失，年华飘逝。你对此无能为力。你额头上的皱纹很深了，深得似乎都能放进去几枝铅笔。日子到日子的距离，愈来愈近了。像从碗到碗，从门到门，从床到床，以及从夜晚到夜晚。你想挽留自己，挽留记忆。就以孤寂为据点，交替摆动双臂和刻刀。这样，日子也交替在手里摆动。你想告诉日子，不住摆动的时候，时间会短暂停下来，听你用雕刻刀说话，听你呼啸的热血和有力的心跳。然而，这一切都无济于事。时间并没有停下来。时间不愿意理睬你

在沙漠腹地，大地深处的能量以火的方式得以释放

有意编造的谎言。时间只是冲你略微微笑一下，就接着走自己的路去了！只有你留下来，直直地站在工作间里，两手握住雕刻刀，目光空洞地盯着远方。那么，你此刻在哪里？你的下一站在何方？

微雕奇人。《天山日报》编辑决定让我去采访你时，我已听到你的名字很久了。大家都知道邹井人，知道你是天山奇人、西域一绝、艺坛怪杰、微雕大师。大家知道你从内地来到新疆。你在乌鲁木齐附近站直了身子。你在新疆大地上呈现出了不同凡响的生命力量。也算是支边青年吧！1966年，你21岁。血气方刚啊，你就从天津直奔新疆。一时无法在乌鲁木齐立足，你就到了兵团农六师大黄山煤矿。满目荒凉呀，除了煤就是荒滩。我的世界难道就是这个样子吗？你整天这么想。你的工作是看井口。一看就是18年。之后，你把名字由邹本卫改成了邹井人。平时，你还得推斗车、充电瓶。但一闲下来，你就掏出那把自己磨制的雕刻刀，在黑色的煤矸石上刻章子，也刻写花鸟鱼虫、山水人物和佛学经典。别人看也不愿看的煤矸石，竟然成了你手中的宝贝。你终年刻写，且愈刻写愈有味道。刻大了不过瘾，你就专往小里刻写。你与煤矸石面对面。像两只困兽。两只困兽，孤零零的！你们就用各自身上走投无路的血相识，用呼吸打量并温暖对方，用无声的呐喊激励自己。你们知道，只要给自己信心和勇气，每打量一眼对方，都会让对方复活。你知道，你必须找到一条现实与精神的双重通道，既让自己透气，也鼓舞自己，给自己带来希望。你就不停地画不停地刻不停地写。你拼力打造自己精神的天空，以便自己把自己从残酷而冰冷的现实世界里打捞出来。好在你有良好的培养与启蒙。你曾在天津著名的居士林寺庙旁的小学里上学。这个大寺庙是历代高僧传经讲法之处。寺庙藏经阁里收藏着数不清的经典诗词书画。寺内住持洗空大师给你讲文授画，并允许你到藏经阁广泛阅读。在造纸厂翻原料时，你就翻读一切可读之书。两年时间，你熟读了《道德经》《金刚经》和各类甲骨文。你给自己以广泛的涉猎范围。你以书画文字熏陶自己。给自己点亮了一盏灯。现在，面对荒野，在看井口时，也携带着这盏灯的光芒。你渴望通过这灯盏，尽可能地驱散黑暗，照耀远方。你在大肆雕刻的前提下，朝微雕方向行走。你要探寻到一条与众不同的路。你就不停地微雕。逼视着煤矸石，或者远方。终于，那么多的人知道了你。我也来了。现在，你住在乌鲁木齐旁边的阜康。一边不停刻写或绘画，一面教导自己的儿子。你很知足。在一个人的微雕世界里，雕刻着，活着。60多岁了，满脸睿智。呼吸着，无需证实。正如你的雕刻刀无需证实。

10
在红山看妖魔山及烟云

“一个、两个、三个……二十八、二十九个……”站在红山塔跟前，萨仁一边转动身子，用右手食指清点散立于乌鲁木齐市高楼大厦之间的烟囱，一边念念有词地说：“我终于看清污染空气的罪魁祸首了！”

萨仁得意的口气好像她终于抓住个贼似的。我说：“还是看一些美好的东西吧！实在没啥看了就看看我。”

萨仁说：“你臭美你！”就从背包里掏出望远镜看博格达峰。随后转过身子看河滩公路上滚滚车流中某辆汽车的车牌号码，看西大桥上的行人，以及观察新疆大酒店某个没关严的窗户里客人的活动情况。最后，她看到了河滩公路对面妖魔山上的九层高塔。她不住调试望远镜的焦距，好半天再没说一句话。她被远处形态各异的景致掳掠而去了！

望远镜的秘密在哪里？透过望远镜，萨仁究竟能看到些什么？她是否看见了时间以及时间深处的人群？她看见这些往日人群的欢乐与疼痛了吗？是否看到了崇高的思想和一双双劳动的手？她是否看到了人们易碎的青春和心？是否看到了满山遍野飘飞不休的亡魂？

望远镜是一种更加真实的世界。这种真实超越了真实本身，因而成为一种另类空间，成为超现实之梦。望远镜所看到的物质是超乎想象的。望远镜把世界带给我们，同时也把世界带离了我们！

望远镜携带着萨仁的视线，穿过重重迷雾，飞越过河滩公路、新疆文联大楼、友好百盛、乌市邮政大楼、红十月小区，最终降落在妖魔山的高塔上。望远镜完成了一次超速度和大跨度的腾跃。望远镜瞬间联通了两个世界。

站在红山塔下远望妖魔山塔。塔和塔连成一体。塔已构成了完整的自己。时间、空间和记忆已经不复存在。只有塔。只有环绕在塔四周的风与草香。

早时候，把乌鲁木齐称作美丽牧场的蒙古族厄鲁特部落的牧民，叫这座城池西边的大山为雅玛里克，意思是山羊之家。后来，雅玛里克的读音被误传至妖魔，所以，当地人都把这座长9公里、宽5公里、海拔1397米的西山称为妖魔山。

哦，来吧，麦西莱甫，让我们痛饮一番。我要一手高举沙塔尔琴，一手高举玉盏 ——《拉克》序曲

妖魔山是博格达山弧形地质大断裂带的延伸部分，山坡上稀稀拉拉地生长着一些温带荒漠植物，呈现出典型的山地荒漠景观。一连很多年，由于这座荒山渺无人烟，因此就成了乌鲁木齐人观测天象及展开无穷无尽想象的地方。人们说，这是一座变化无常、神机无限的山脉。山上的景象直接影响山下的气候及生活状况。一旦山头低云笼罩，山下就会雨雪不断——“云罩妖魔山，地下水漂船。”孩子们甚至这样唱歌：“妖魔山戴帽，放牛娃叫雨泡，锅把式糟了糕，长工睡大觉，月月工打捆腰，天天工都辞掉！”有人说得更玄：如果有人特定的时候，在妖魔山塔里说不吉利的话，或者大声说话，天空顿时雷声不断，大雨如注。

妖魔山9层空心塔高14.5米，始建于1788年，1985年重建。塔身呈六角形，塔顶置覆钵，上置铁相轮、宝瓶和铜针。

红山顶9层实心砖塔高10.5米，由塔身、塔基、塔刹构成。塔身平面同样呈六角形。

关于遥相对应的两座宝塔，乌鲁木齐杂话中说：“红山嘴子妖魔山，两个塔儿对得端。两塔压着两座山，压得两山不动弹。乌鲁木齐河水中间穿，绿树成阴赛江南。”

不知道萨仁的望远镜看到200多年前的两个人没有？这两个人是悟元子道长和尚安。我希望她能望见他俩。

清道光年间，甘肃兰州七云山道观里的悟元子道长云游到新疆。天山山高路险，人马难以行进，他就动用数千只山羊驮运砖瓦，硬是在天山天池修建了铁瓦寺。1785年前后，乌鲁木齐河连年洪水泛滥。悟元子道长发现红山和妖魔山是两条孽龙。两山一旦合拢，乌

妖魔山塔是一处道教建筑，建于1788年，与红山塔遥相对应

一种树木，死亡之后也这么惊心动魄——只有胡杨能做到

鲁木齐河河水无处排泄，整个乌鲁木齐城将变成汪洋大海。

满州正白旗人尚安时任乌鲁木齐都统。1788年（乾隆五十三年），尚安根据悟元子道长的建议，分别在红山和妖魔山修建两座镇妖塔，画符降恶龙，确保乌鲁木齐平安。后来尚安接任陕西总督。

要是萨仁的望远镜可以反射的话，那么，她是否可以通过这个神秘的器具回望到身旁的景物。比方说看一看我，看一看红山塔。

就说红山塔吧！这座红色高塔，实心实意地站在这里，一站就是220年。它是乌鲁木齐现存的最古老、最完整的建筑物。这是大地的阳具，也是乌鲁木齐的标志和象征。它经历了时间的磨打。经过无数次大大小小的地震和风吹日晒，依旧昂然挺立，正直向上。仿佛时光已对它没有了办法。从某种意义上说，它已经战胜了时间。它成为牢不可破的它。它以塔的方式歌唱或笑。通过幽暗的光说话。用柔和的红色擦亮时间隧道。

萨仁是否看到，红山塔屹立于巨斧削斫而成的险象环生的红山嘴上。蒙古语把红山嘴叫巴拉哈达，意思是老虎山石。因此，很多人又把红山嘴叫做虎头峰。该峰西面的红山塔下，悬崖峭壁，寸草不生。所以，这里是乌鲁木齐很多痴情男女理想的殉情地。乌鲁木齐河河水滔天的时候，这些执著的情侣手拉手来到红山塔下，纵身跳下虎头峰，之后被河水

这棵大树死亡亿万年之后，竟然以石头的面目出现在我们眼前

冲向远方，冲入准噶尔盆地的沙漠里。河水干涸后，很多勇敢的情侣们只能跳到近百米处的河滩公路上。红山——这个8000万年前同天山一起崛起的喜玛拉雅山造山运动时期的杰作，在承载生命硬度的同时，更多的则是承接了生命中最柔软的部分。它在接纳了情侣们的死亡的同时，也接纳了广泛的生。

这是因为，乌鲁木齐市绝大多数年轻人的初吻都发生在红山——密林深处、盘山道上、红山塔下、远眺楼上、古寺墙外。很多情侣在红山塔旁生死盟誓，并将名字刻写在同心锁上，之后把铜锁或铁锁交叉着锁挂在铁链上，钥匙则被抛掷到虎头峰的悬崖下面。情感受阻时，立下生死誓言的地方理所当然地成了他们终结肉体生命和永远延续爱情生命的地方。这种时候，红山塔呈现出了神性的光辉。红山嘴子成为每个边城年青人心中崇高而神圣的地域。

有人说，红山就是乌鲁木齐市核心区域的一艘爱情的泰坦尼克号巨轮。仿若船尾的东部山坡与树林已经沉没，西边的山顶绝壁像船头一样高高翘起，拼命挣扎。红山塔则是最后时刻高耸苍穹的桅杆，孤独地挺立，饮爱恨于胸。

红山塔见证了生与死，见证了羞涩的初吻和誓言，见证了所有爱情的走向。红山塔看见了每一对情人的秘密与心跳，同时看见了疯狂与毁灭。它一句话不说地说出了一切。在城市的最高处，红山塔同时占据了空间和精神上的双重高度。在乌鲁木齐市的青年男女心中，红山塔之高高过了所有的高。

萨仁看到了两亿年前的红山没有？1997年，乌鲁木齐市第十一中学退休教师海涛，就在红山发现了一块两亿年前的鞋印化石，并引起轰动。一块2尺见方的岩石上，赫然印着一个长约26厘米的鞋印。一只双重封印的皮鞋印。鞋印的后半部，还有一只13厘米长的古鳕鱼化石。

望远镜里的景象让人疑惑没有？显然，萨仁想到了三种可能。其一：两亿年前可能存在类似人类的高等生命，或者可能有过超古人类。这种现象预示着地球上生命文明轮回可能性的存在；其二：可能有外星高等文明生命，在地球上出现过；其三：是否有一种与人类鞋印相似的动物、植物或者石头落在岩石上，形成化石。2.7亿年以前，地球上根本没有人类。人类出现在距今200万年至300万年前，人类文明史只有6000年。因此，化石上的鞋印只能考虑为超古人类的史前文明行为或外星文明。萨仁觉得，化石的发现，至少可以推测，当时乌鲁木齐的地质环境是内陆湖盆，这对乌鲁木齐的古生物环境研究提供了有力证据。红山不仅提供了情爱、地理、生态、娱乐诸方面的优势功能与价值，同时还成为时间之谜和历史之谜。

萨仁注意到，退休中学教师、古生态地理学家海涛先生对红山地区的生态地理悉心研究20多年，采集到近千件珍贵的古生代化石。除大量古鳕鱼、古鸟类、介形虫、瓣鳃类、古昆虫、芦木、羊齿等古代动植物化石外，还发现了新的种群和珍稀化石。其中，非常有价值的是在二迭纪地层中发现了古两栖类有尾目肩鳍类——蛙鲵化石。该化石将古有尾目生存的年代由泥盆纪延续到了二迭纪——整整延长了1.3亿年左右。这一新发现，对研究两栖类动物的时代、进化、地层划分及其在二迭纪的地理分布，具有重大的科研价值。

更有价值的是，他先后在红山地区距今2.7亿年前的二迭纪地层中采集到6例“鳍翅鸟”化石标本。该鸟类化石的鸟翅具有鱼类胸鳍的特征，其形宽大而长，故称为鳍翅。左右翅展开长度相当体长，故定名为“鳍翅鸟”。鳍翅鸟已初步发育出前爪、背羽、鸟头、鸟颈，但仍保留鱼的背鳍和尾鳍，这可能是鱼类向鸟类进化的临界生态化石。

红山鳍翅鸟化石的化石年代比德国侏罗纪地层中发现的“始祖鸟”要早1.2亿年。鳍翅鸟的发现在世界上尚属首例。它揭示鸟类可能是直接从鱼类演变而来，从而冲击了鸟类是由两栖类演变来的传统观念。鳍翅鸟的发现和对其进一步的科学研究有可能要补充或改写古生物的进化史，具有重大的理论价值。

假若越过河滩公路、越过妖魔山继续往西南看，萨仁是否能看到南山山系中的昌吉硫磺沟？这个离红山40多公里的地方，地下的煤火已经连续燃烧了百年。年均燃煤损失1.7

亿元。清代光绪年间的当地史志中说，这里“裂隙纵横，浓烟弥漫，岩隙间火焰呼呼，经年不绝。”

百年煤火带来一系列灾难性结果。长久烘烤，地温极高，致使当地夏季多风，冬季少雪；草木凋零，植被破坏；地质结构发生变化，滑坡、塌陷、陡崖等地貌普遍，沟壑纵横；煤烟和大量有毒气体排放出来。大风一刮，就飘飞到几十公里外的乌鲁木齐。所以，萨仁连续多年都认定，是硫磺沟的百年煤火败坏了乌鲁木齐的大气环境。好在2003年，这场百年地火终被扑灭。

此刻，站在红山顶端，当萨仁一口气数出几十根日夜喷吐乌黑的语言的大烟囱的时候，她似乎有些心惊胆战。既为乌鲁木齐冬天污浊的天空和大气环境而恐惧，同时也因这些高大的黑烟囱而悲哀和绝望。她一时间不知道说啥才好。只是拿出望远镜东看西看。望远镜成为她美梦的小作坊。在这里，她能看到残酷的现实影像，同时也可以看见梦幻的颜色。

萨仁把望远镜从鼻梁上取下来，并一头钻进我怀里说：“布和你说，两个塔一直这么对望着，累不累呀？”

我说：“哪能不累呢！我看你不到一分钟都累了。”

萨仁说：“说正经的！看到他们一动不动地相守相望几百年，我感到踏实又幸福！”

又有很多人从山下爬上来了。也有很多人在红山塔和林则徐像前照相。其中有不少人听着MP3和背着望远镜。

不知道他们能从望远镜里看到些啥！

J. 记忆的奇迹

居素甫·玛玛依能背唱20多万行英雄史诗《玛纳斯》这件事，肯定是人类记忆的奇迹。

更令人难以置信的还是人类由来已久的记忆传承关系——那种通过舌头、声音和心灵代代相传的记忆符号，以及那种把灵魂的重量与美感往前无限推送的神奇力量。

我想，肯定还有很多无形而巨大的河流一直在通过我们流淌。那种秘密而坚定的涌荡和奔流啊！那种无懈可击的前进方向。

基因的遗传、血缘关系、长相和声音和思想等，都可以通过一种神秘的通道，不知不觉地传接下来。这种河流的涌动是无声无形的，同时又是无可阻挡的。你只能接受或顺应它，却极难改变它。

还有，一个民族集体记忆的河流是如何开通的？这种河流的奔涌动力是什么？它们最终将奔向何方?

在新疆，很多少数民族的诗歌、民歌和史诗，都是依靠记忆传承的。没有通过文字，也似乎不需要文字，甚至都不需要录音。仅凭记忆沉浮与链接，完全通过口头传唱进行延续及完善。而民间歌手，则成为记忆连接的载体和纽带，成为神指派到人间的行吟诗人。

在天山南北大大小小的草原上，柯尔克孜族的玛纳斯奇、蒙古族的江格尔奇、藏族的格萨尔奇和哈萨克族的阿肯是同义词。玛纳斯演唱会、江格尔说唱会和阿肯弹唱会都是植根于民间并广受喜爱的公众欢乐方式。是营建和传播草原人群精神气息的必不可少的情感体系。

千百年来，这些民间歌手或演唱大师们，把各自民族的精神能量承接和储存下来，口口相传，持续推送。从歌手到歌手，从舌头到舌头，从上一代人到下一代人……他们不停翻唱民族的传奇与力量，促使记忆之河不断延伸，同时促使民族豪气和生命激情滚滚向前。

以每一个个体生命为支点，这条记忆的滔天大河在歌者的喉咙里呼啸而行。他们唱绿了草原和山川，唱肥了牛羊，唱得牧民们幸福而温暖。从一个牧场到另一个牧场，从这个毡房到那个毡房，从冬天到冬天，从少年到白发老人，他们一路演唱而去。他们有无穷无尽的听众，也有数不清的歌唱理由。哭着唱，笑着唱，跳着唱，喊着唱，冬不拉、马头琴或手鼓在手里绽放，一个毡房就是一个完整的世界。就连溪水和小草都沉醉了。大地变得如此辽远与安静!

年近百岁的居素甫·玛玛依现在居住于乌鲁木齐，这使得这座拥有48个民族的美丽城市具备了一种神性的光辉，并增添了巨大的传奇色彩。因为，他是人所公认的国宝，是记忆力超群的柯尔克孜族歌手。

他的特殊本领就是传唱《玛纳斯》。

《玛纳斯》是柯尔克孜（吉尔吉斯）族人世代口头流传的一部英雄史诗。最早产生于公元9世纪，是全方位展示柯尔克孜族生活图景和历史、文化、音乐、宗教及意识形态的一部百科全书。既为千年流传、影响广泛、规模宏大的历史长卷，也是思想性、艺术性极强的口头文学巨著。

玛纳斯是柯尔克孜族传说中的著名首领和英雄，一个类似于蒙古族中成吉思汗式的人物，是勇敢、力量、智慧和民族前进方向的化身。史诗《玛纳斯》讲述的就是其家族8代英雄，带领柯尔克孜族公民反抗异族统治者的奴役和掠夺，为争取自由和幸福而不懈战斗的故事。

史诗共分8部，以玛纳斯的名字为全诗的总名称，其余各部又都以该部主人公的名字命名：如《玛纳斯》《赛麦台依》《赛依台克》《凯乃木》《赛依特》《阿斯勒巴恰与别克巴恰》《索木碧莱克》《奇格台依》。每一部都独立成章，叙述一代英雄的故事。各部相互衔接，使全诗构成了一个完整的有机体。

他就是能背23多万行英雄史诗《玛纳斯》的柯尔克孜族传奇人物——居素甫·玛玛依

柯尔克孜人原居住地在叶尼塞河上游地区，公元8～10世纪是其强盛时期，汗国人口百万以上，拥有兵马40万。《玛纳斯》主要讲述了柯尔克孜人对卡勒玛克人和克塔依人的反抗与斗争。克塔依人即契丹人，公元947年改称辽。卡拉克塔依即西辽王朝，又称黑契丹。史诗中还不断提到了萨尔特（维吾尔）人、蒙古勒多尔（蒙古）人、卡拉卡里帕克人等部落名称，从中可以读出历史的回声，以及回鹘、契丹、蒙古人与柯尔克孜人的深远渊源。

按照史诗的说法，英雄玛纳斯有一个非凡的出生方式：生下来只是个皮囊，且双手紧握。有人发现，其手掌上有自己后来的名字“玛纳斯”的字样。他成长速度奇快，9岁就跨马出征，有青鬃狼一样的胆量、雄狮一样的性格、巨龙一样的容颜、大山一样的体魄和力量。他到吐鲁番开渠引水种小麦，用麦子换来战马。之后聚集40名勇士，制造兵器和铠甲，骑上日行千里的神驹阿克库拉，开始了南征北战的反抗生涯，成为柯尔克孜人的汗王。

玛纳斯出生在阿尔泰，主要活动地域在阿勒泰、乌鲁木齐、呼图壁、玛纳斯、乌兰泊、乌什、库车、喀什噶尔，以及中亚细亚的阿富汗、撒玛尔罕、塔拉斯、阿特巴什、热湖一带。新疆昌吉回族自治州的玛纳斯县就是以这部史诗命名的。1995年8月26日，吉尔吉斯斯坦共和国举行隆重的“《玛纳斯》史诗千年庆典”活动，并在首都比什凯克市修建了玛纳斯村和玛纳斯城堡，该村距总统府仅15分钟车程。

在中国新疆南部的克孜勒苏柯尔克孜族自治州、新疆西北部的特克斯县及吉尔吉斯斯坦、阿富汗的柯尔克孜族人群中，传唱《玛纳斯》的民间歌手像星星一样遍布在夜晚的草原上。由于缺乏有效的文字记录，《玛纳斯》的故事只能通过玛纳斯奇们的口头演唱世代

柯尔克孜族英雄史诗《玛纳斯》一书的封面，新疆人民出版社 1991 年出版

相传。这种时候，记忆不仅是对史诗的考验，也是对整个民族文化内涵和文化力量的考验，甚至是对民族灵魂的检验。因此，玛纳斯奇、江格尔奇和阿肯，在各自民族中具有无可替代的特殊地位及威望，是某种意义上的诗人和神人，是历史文化的传承者和通灵者。

遗憾的是，大多数玛纳斯奇只能演唱史诗《玛纳斯》的片断。即使在吉尔吉斯人口占65%的吉尔吉斯斯坦共和国（全国总人口502万），当地的玛纳斯奇们也只能传唱《玛纳斯》的前三部，即《玛纳斯》《赛麦台依》和《赛依台克》。此番情形下，中国国宝居素甫·玛玛依出现了。

居素甫·玛玛依出生在新疆阿合奇县麦尔坎西村。他完全凭着记忆，能够一口气背完全部史诗《玛纳斯》八部16卷，约23万行，总字数百万。他使可以同古希腊史诗《伊利亚特》和《奥德赛》媲美的《玛纳斯》相对完整地出现在这个世界上，因而轰动了世界。中国前任文化部部长黄镇称他为“咱们的国宝”，吉尔吉斯斯坦共和国总统为其授勋赠马，以示感激。

居素甫·玛玛依有个哥哥名叫巴里瓦依，是优秀的民间歌手和民间文学记录收藏家。居素甫·玛玛依的史诗演唱成就主要得益于他。

自小上经文学校的巴里瓦依毕业后，拉骆驼经商，漫游过广大新疆的很多地方。由于见多识广，喜爱民间文学，所以就抽空记录整理了几十种民间文学作品。最令人欣慰的是，他从当地著名的玛纳斯奇尤素甫阿訇那里记录了史诗《玛纳斯》的前3部。后来，又把另一位玛纳斯奇伊勃拉依姆请到家里，整理记录了后几部。此为我国史诗《玛纳斯》八部作品的主要来源。

父亲是当地受人尊敬的毛拉。居素甫·玛玛依8岁时，父亲把他也送到伊斯兰经文学校学习。很快地，他就能把3360句的《古兰经》一字不落地背诵下来。接着就阅读和背诵哥哥巴里瓦依收藏整理的文学作品。民间史诗《玛玛克——绍波克》《茹斯坦木达斯坦》、民间叙事诗《库尔曼别克》《额尔托西图克》、民间故事《一千零一夜》《四个苦行僧》等，凡是能看到的都要看。后来，他用8年时间背会了《玛纳斯》，成为年轻的玛纳斯奇，在卡拉布拉克草原给牧民演唱。有人统计了一下发现，他在15岁左右的时候，就能背诵20多部长诗和故事了。

1937年，哥哥巴里瓦依因拒绝向新疆督办盛世才的一个官员交出自己收藏的民间史诗，而被杀害于狱中。居素甫·玛玛依也被关进大牢半年。后因不够法律年龄而被释放，给牧主当了放羊娃。1966年史无前例的政治风暴袭来，史诗《玛纳斯》变成特大毒草，居素甫·玛玛依一夜之间变成敌人，每晚戴上1.7米高的帽子，接受所谓的人民的批斗。《玛纳斯》和其他民间文学资料也被抄家销毁。1979年秋天，为《玛纳斯》平反的消息传到

《福乐智慧》的作者玉素甫·哈斯·哈吉甫

了卡拉布拉克草原时，居素甫·玛玛依还以为别人跟他开玩笑呢！

随后，他花掉1320天时间，仅凭回忆演唱整理21万行《玛纳斯》。加上近年补充的部分，整部史诗达到了23万行以上。1980年，居素甫·玛玛依当选为新疆文联副主席。他成为国家干部，全家搬到乌鲁木齐市居住。

玛纳斯带着40个勇士打天下。

事实上，40是柯尔克孜人最喜欢的一个数字。婴儿出生后40天不许见陌生人，40天后要举行满月仪式，浇在孩子身上淋浴的水必须是40勺，点燃的生羊油蜡烛必须40根，要把孩子在烛火前摇晃40下，客人要拿40个奶疙瘩放在孩子面前。在扎耳仪式上，女孩子要梳40根辫子。弥留之际，阿訇要往临终者嘴里滴40滴清水，屋里要点40盏长明灯，亡者须裹40米白布安葬，且7天一小祭，40天一大祭……或许，所有这些有关40的吉利数字，均缘于玛纳斯的 40勇士。正是史诗《玛纳斯》影响和改变了柯尔克孜族人的历史与生活。

柯尔克孜族世代游牧，早期的图腾是雪豹和牛，后来信仰乌买女神、祖先、天神、太阳和火，清代后改信伊斯兰教，少数人信仰藏传佛教。现使用以阿拉伯字母为基础的柯尔克孜文。男人一年四季戴卡尔帕克白毡帽，姑娘戴红丝绒圆顶小帽。有抢婚习俗。订婚时，向年轻人身上撒面粉表示同意和祝福。

柯尔克孜人认为，像居素甫·玛玛依这样记忆力非凡的人，都是介乎于人神两界的人，是依靠神灵托梦才诞生的。有人放牧，或者干活干累了，躺在草滩上或大树下打瞌睡。睡着后做一个梦，梦见玛纳斯的军师、足智多谋的老英雄巴卡依朝他走来，并喂了他一把小米。霎时，狂风大作，雷鸣电闪，战马嘶鸣，草原震荡，于是，雄狮玛纳斯和40个勇士出现了。他们东征西战，杀声震天……梦者惊醒后，就脱胎换骨——由凡人变成歌手，会唱史诗《玛纳斯》 ——人所敬爱的玛纳斯奇就此诞生。

一个时期，《玛纳斯》手抄本广为流行。1984年，《玛纳斯》柯尔克孜文正式出版发行。2004年，新疆人民出版社与吉尔吉斯斯坦共和国合作出版斯拉夫文版《玛纳斯》，该国总统亲笔题词。现在，几乎每户柯尔克孜人家都像宝贝一样，在箱底珍藏着史诗《玛纳斯》。该书已成为整个民族的精神象征。

冬闲时节或劳动之余，人们簇拥在毡房里，围坐于牛粪火旁，静神聆听玛纳斯奇的演唱。假日或喜庆的时刻，牧民们邀请玛纳斯奇，通宵达旦地演唱。更多的时候，人们举办歌手演唱大赛，看谁唱得又长又好！毡房盛不下欢乐了，人们就拥向辽阔无边的大草原，搭建起连天的毡房，日夜歌唱。无论歌者或听者，每个人都兴致勃勃，如痴如醉。人们备好骏马、皮袍等礼物，杀羊宰马招待歌手。此时此刻，歌手已不仅仅是歌手，而是草原的灵魂，是欢乐之海的核心。孩子们嬉笑玩闹，老人们悉心品味生活，年轻人借此机会谈情说爱，大草原变得如此生动而美丽啊！

新疆大地上，同居素甫·玛玛依一样终生歌唱的玛纳斯奇不计其数。克孜勒苏柯尔克孜族自治州有70多位玛纳斯奇，年长的80多岁，年纪小的才20岁。特克斯县牧场的萨特瓦里德，其舅父就是当地有名的玛纳斯奇。萨特瓦里德是个文盲，但从小痴迷史诗《玛纳斯》。听说有玛纳斯奇在什么地方演唱，他成百上千公里也要赶去聆听。渐渐地，他也会唱了。他从别人的演唱中记住了《玛纳斯》的主要情节，就从一个牧场到另一个牧场给人演唱。他自己变成了当地有名的玛纳斯奇。

同柯尔克孜人中的玛纳斯奇一样，新疆和布克赛尔蒙古族自治县的蒙古人西西那·布尔乐能一口气演唱71卷《江格尔传》，被当地蒙古人视为民族英雄。阿肯也在哈萨克人中具有崇高威望。

阿肯同时是哈萨克语中“歌手和诗人”的意思。事实上，每位阿肯都是出色的行吟诗人。他们怀抱冬不拉边弹边唱，即兴创作的唱词就是一首首绝佳的活灵活现的诗歌！

哈萨克族的文学之父阿拜（1845～1904），既是一位杰出的诗人，又是一位公认的音乐家。精通哈萨克语、阿拉伯语、波斯语和俄语。认为诗是语言的皇帝。谁的爱、正义、感觉超越旁人，谁就是圣人，是智者。诗歌为婴儿打开人生大门，也陪伴死者踏上天国的路途。阿拜的诗歌大量流传于新疆伊犁、塔尔巴哈台和阿勒泰等地。

阿拜同时代的男阿肯艾赛提·纳依曼拜（1864～1932）也是伟大的诗人和音乐家，他同女阿肯额勒斯江的对唱，已成为哈萨克阿肯弹唱史上的巅峰之作。

在卡拉布拉克、博尔塔拉、巩乃斯或巴音布鲁克大草原，几乎每户蒙古及哈萨克人家里都有马头琴和冬不拉，每户柯尔克孜人家里都有库姆孜琴、克雅柯或弹拨乐器巴朗孜阔木，所有女孩子都会跳柯尔克孜舞——没有歌声的生活是叫人难以想象的！

哈萨克人有两个经典谚语：“一天不唱歌，嘴巴就会歪”；“诗和马是两只飞翔的翅膀”。

一般来说，新疆柯尔克孜人的姑娘追、马上角力、蒙古人的那达慕大会和哈萨克人的阿肯弹唱会均在秋天举办。这是收获的季节。牛肥马壮，瓜果飘香。人们把积攒了一年的激情释放出来，用诗和歌来呈现心中的欢乐及疼痛。美好生活的愿望被托举得纯洁而高远！

事实上，那些本色而生机勃勃的诗歌早已渗透到了新疆游牧民族的每一个生活细节之中。无论蒙古人、哈萨克人、塔吉克及柯尔克孜人，从生到死——从婴儿洗礼、嫁娶、祝寿、节日到葬礼，他们都离不开诗歌和演唱！这些深情而单纯的人们啊！他们需要行吟诗人。需要用诗意的情感喂养贫乏或精彩的长长短短的日子。

居素甫·玛玛依在《玛纳斯》的序诗里唱道：

哎……哎……哎依
我要唱雄狮般的英雄玛纳斯
但愿玛纳斯的灵魂保佑
使我唱得动听而真挚

这位维吾尔族老人枯坐在这里，不知道他心里在想啥？他的记忆的大树活得旺不旺

一半是真，一半是假
谁也没有亲身经历
是真是假
有谁会去计较

这是祖先留下的故事
代代相传到现在
倘若不唱英雄的故事
何以解除心中的苦闷

毫无疑问——站在这部比荷马史诗《伊利亚特》多16倍的鸿篇巨制《玛纳斯》跟前，我们分明感到，柯尔克孜人心中的大爱创造了奇迹，居素甫·玛玛依的苦难与热情创造了奇迹，一个民族血脉相连的情感和集体记忆的有效衔接创造了奇迹。

愿《玛纳斯》继续依照记忆的道路和方向，通过一个民族的舌头永远往下传递！

11 婚飞的日子

小女孩绝望而恐惧地哭喊："妈妈……鸟儿飞走了……"

狄狄儿："没关系……别哭了……我会把它抓回来的……"他走到舞台前沿，哭着对观众说："要是谁抓到了，愿意把鸟儿还给我们吗？……为了将来的幸福，我们是非要青鸟不可的……"

这是比利时作家莫里斯·梅特林克的六幕梦幻剧《青鸟》的结尾。100年来，他的青鸟已成为全世界的人们美好与幸福生活的象征。

《青鸟》讲的是樵夫的儿子狄狄儿和女儿弥蒂儿为邻居家生病的小女孩寻找青鸟的故事。

奇怪的是，我总觉得，诞生于1908年的《青鸟》中的小姑娘，就是我的萨仁，而青鸟就是我的蜜蜂，森林或草原，就是我的乌鲁木齐及伊犁。

有时候，萨仁像一位仁慈的母亲，但有时候又是一个顽皮的孩子。碰到每月不舒服那几天，她总会在上完瑜伽课之后打电话说："嘎罕，我要死了！快来救我。"我就赶紧走出大手广告公司的办公室，一口气跑到乌鲁木齐莱顿健身馆门口等她。有时候胆囊炎犯了，她也会指着后背撒娇说："嘎罕，不行了不行了！你快看，这里是不是有一枝枪在顶着我？"

偶尔想妈妈的时候，她会想得泪流满面。第二天早上，她就让我陪她回天山南部的巴音布鲁克草原去看父母。碰到我在广告公司的工作繁忙或蜂蜜推销紧张时，她就一个人回到父母身边放马放羊。回来时，她会背一大包风干马肉、酸奶疙瘩或熏马肠什么的。同时，她还会跑到和静县巩乃斯乡以北约24公里的阿尔先温泉沟，在三只眼的香宁神像前跪拜祈祷，之后，从岩石上画着大眼睛的眼睛泉里盛一葫芦神泉水回来，让我饮用，以及用其清洗眼睛。她说，我每天写广告文案到深夜，眼睛劳累过度，而这种祈福过后的药泉圣水，可以保证我永远拥有一双清澈健康的眼睛。她希望我这双眼睛看得愈久，她和世界愈美。

巨大的蒙古包里，一对蒙古族年轻人的婚礼正在举行。我想起帕斯的诗："一切都很神圣，一切都在转变。每个房间都是世界的中心，都是第一个夜晚，第一个白天。当两个人亲吻，世界就会诞生"

当然，她会把新学会的几首蒙古族情歌唱给我听。我记得最牢的就是她从小时候跟她一起玩大的朋友们那里学会的《两只山羊》："两只山羊爬山呢，两个姑娘招手呢。我想过去呢，狗咬呢！不想过去呢，心痒的呢！"

有时候，萨仁会独自跑到乌鲁木齐市南山，从天山脚下的水西沟、板房沟、白杨沟、灯草沟或庙尔沟的蒙古族牧民及哈萨克人手里，买一只羊羔并请人就地宰杀后，把肉搬回来晾晒在阳台上，晾制风干羊肉给我吃。这种时候，柔若无骨的萨仁似乎一下子变成了一只健硕无比的小马驹。

冬春时节，同给大手广告公司撰写没完没了的枯燥广告文案相比，我更喜欢穿行于乌鲁木齐市的大街小巷，给千家万户递送蜂蜜。

送蜂蜜的感觉同每天清晨把新鲜无比的牛奶投送给城里的各家各户差不多，同时也跟村民之间相互礼赠刚从大地上收获的时鲜蔬菜、鲜艳欲滴的柿子或味美无边的穆赛莱斯差不多。每年第一茬麦子收到家里以后，乌鲁木齐周边的汉人、柯尔克孜人、蒙古人或塔吉克人，都会将其磨成洁白无边的面粉，撒向佛像、亲人的肩膀或新郎新娘们的衣服上，之后才给自己蒸馍馍、做拉条子、揪面片吃。

你看，我的蜂蜜熟了，丰收了。我用大卡车将其运回乌鲁木齐市。我不趁鲜递送给全城的各族同胞、左邻右舍和亲人朋友行吗？

这些金黄透亮、明丽而幽深的果实啊！我的蜜蜂们费尽千辛万苦采撷而至的花朵的精髓，这些大地的硕果及秘密。它们以流动的姿态摆放在我面前，呈现出了关于美丽的嘴唇和胃的美丽渴望。它们饱满而质朴地涌荡在我家的塑料桶和塑料袋子里，充分又坚决地诉说着自己纯洁的期待。我仿佛听到了俄罗斯诗人曼德尔施塔姆说过的话："黄金在天空舞蹈／命令我歌唱。"

那么请问，我除了一边歌唱，一边把金黄透亮的蜂蜜和浑厚纯正的蜂王浆运送到城市里的各家各户之外，还能做什么呢？

每当收到雪片一样寄来的购货单，或者接到成串的订货电话的时候，我和萨仁都喜不自禁。我们将其制作成表格，挂放在电视机旁边的墙上。每送完一批蜂蜜，就用红笔在上面打个记号。而每个记号都意味着我们有了一批回款，意味着对我们和蜜蜂整个夏季辛勤劳动的有力回报。

那么，你能想象到我的样子吧？此时此刻，我多么快活呀！我擦着额头的汗水，以及眼角上幸福的泪水，吹着口哨穿行于边城的各条街巷。步履轻快，信心无边，内心装满了关于幸福生活的全部喜悦和无尽期盼。我扛着蜂蜜，爬一至七层的住宅楼，也乘坐电梯，按响高层楼房里千家万户的门铃。我给你们运送来自伊犁大草原的纯正蜂蜜啦！我带来了芬芳和甜美。我把一种饱满的大地意象与健康而正当的果实色泽运送给你。

就在返身离开买主家门口的瞬间，或者听到买主家的大门咣当一声在身后关上的时候，我内心的喜悦无以言表啊！我能想象到女主人双手捧着搪瓷蜜罐快步搁放到餐桌或窗台上，家里的男孩或女孩像蜜蜂一样放下课本和作业围拢过来，争相往蜜罐里伸食指沾蜂蜜，并放进嘴里品咂。你能想象得出这种恬淡的惬意和平实的欢乐吗？你能想象到这种平淡的日子里所掩埋的那种平时难以企及的踏实与幸福感吗？洁白素净的油菜花蜜、琥珀色典雅的野花蜜、晶莹透亮的葵花蜜、暗红色的枸杞花蜜、金黄色的沙棘蜜、和田羊脂玉一般色泽柔美味道馥郁的蜂王浆……千般色彩与滋味的蜂蜜放在家中，任由每个家庭成员品尝啦！想着这一切，我就幸福和快乐。

我怎么可以不歌唱呢！

告诉你吧，我能想象到这些天然蜂蜜触碰到每张嘴唇并被所有舌头舔咂时的美妙情形，能想象到舌苔瞬间把甜感传遍全身神经末梢时的那种电击般的快乐感受。这些柔软而活力无限的舌头接纳了蜜。它们以隆重而深情的礼遇欢快地迎接这些香甜，之后轻盈搅动几下，

我的蒙古族姐妹们已经准备好了蓝色的哈达。蓝色——天空、草原、大海或思想的颜色。哈达和奶酪献给值得尊敬的你

往后一仰，将其推送到身体的大后方。这些天然的来自伊犁大草原的野花蜜——就沿着一根根四周光洁而有弹性的喉管，滑向胃里，滑进神圣的深渊。随着一缕缕香美无边的优雅气息对口腔和舌齿的回访，这些大地的果实就安放于胃里了。要不了多久，它们被输送到身体的各个部位。它们给人的整个身体带来巨大的力量，同时也开始滋润人体最大的器官——皮肤，开始治疗神经衰弱、贫血、胃溃疡等慢性疾病，并对风湿性疾病和神经炎产生抗拒能量。无论是防止脱发、皱纹、暴晒、衰老的人，还是想健体治病的人，都能得到特别帮助。我在听到买主一家人连续不断的品咂声的同时，甚至能倾听到蜂蜜中的各种氨基酸及复合维生素群被每一个精美的人体吸收时，所产生的微小的欢乐的爆破声。

乌鲁木齐市全城有多少人终日食用我的蜂蜜？我没有具体统计过。但这个数字肯定不会小。

我时常会产生这样一种幻觉：200多万人同时在一勺又一勺饮食我晶莹透亮的蜂蜜。我同时滋养着200多万张嘴、200多万个舌头和身躯。当这200多万个胃一同蠕动的时候，其柔弱又清脆的响声排山倒海——一想到正是我的蜂蜜喂养着整个城市，我经常会兴奋得大笑着从睡梦里醒过来。我喂养着200多万人口，正如我喂养着200万只蜜蜂。

萨仁、蜂蜜、风干羊肉、拉条子、馕、广告文案和瑜伽，再加上电影、朋友、书和几份期刊，这似乎就是我在乌鲁木齐市全部的生活内容了，也是我同这座城市的有效联系。我可能永远也无法离开这些生活元素，因而竟然是如此地感激这种联系，珍惜这种联系，并有意无意地强化这种联系。我甚至认为，这种联系实际上就是我同乌鲁木齐市的所有关系了。假若这些元素中的任意一个环节突然断裂，我的乌鲁木齐生活状态就会瞬间土崩瓦解，我的希望和生命也会烟消云散。所以说，我是何等的看重我的每一个生活内容乃至生活细节呀！甚至可以说，这些对别人而言也许微不足道的馕或蜂蜜等东西，却是我的重要生命依靠。我甚至想象不出来，倘若真的离开了它们，我该怎么往下活！

又一个爬红山的日子，我和萨仁不知怎么地就谈起了蜜蜂的婚飞问题。令人惊奇的是，说蜜蜂婚飞的同时，萨仁突然不说话了。她趴在远眺楼三楼的栏杆上，一动不动地望着东边博格达雪峰方向红山最高的摩天轮说："布和，你敢不敢……"

我看了一眼萨仁和萨仁当作虚无一样盯视着的摩天轮说："什么意思呀？"

萨仁："婚飞。"

我有些迟疑地问："你……想吗？"

出发了！无论娶亲、参加那达慕大会及进行搏克大赛，健硕的蒙古族兄弟们都骑马出发了。他们手握彩旗，目视前方

萨仁没说什么，只是微微点了点头，同时用下齿咬住上唇，让眼睛在眼眶中转动了大半圈后，突然拉起我的手说：“走，我们作诗去！”

她咯咯咯地笑着，拽着我买票，并登了摩天巨轮。我们选了一个密闭条件较好的包厢坐下来，门被锁上了。巨轮转动时，我们开始拥吻作诗（婚飞）。不知不觉中，我们已高悬于半空。

婚飞是指女皇（蜂王）想结婚时，择日飞向高空与雄蜂交配完婚这件事。由于人只能在大地上行走，除了动用飞机、火箭、热气球等飞行器外，无法凭自身力量在天上行走。因此，蜜蜂的婚飞生活就成了很多诗意而浪漫的人心驰神往的理想的性爱生活方式。梅特林克在1901年出版的《蜜蜂的生活》一书中，对蜜蜂的婚飞生活给予了细致描写。正是这部作品，确立了他世界一流散文家的地位。

一窝蜂里约有2～5万个工蜂，一个蜂王（女皇），500～5000个雄蜂。所有雄蜂都盼望着能够用生命换来唯一一次与女皇的婚配。令人遗憾的是，无论雄蜂多少，通过高难度、长距离的飞行比赛，只有获胜的一个，才有资格成为女皇的短命丈夫。这就使得女皇的婚配及受孕方式充满了挑战、危险和吸引力。

一想到正是我的蜂蜜喂养着整个城市，我经常会兴奋得大笑着从睡梦中醒过来

居住在帕米尔高原的塔吉克人被称为太阳部落。其质朴的民风和清洁的精神向度令人尊敬。2007年秋天，一对新人正在举行婚礼。无论新郎新娘，他们谦卑而腼腆的表情和诚恳的目光，让我们看见了一个民族正派而健康的灵魂。头巾和撒在右肩的面粉则表明了人们无限的祝福与期待

事实上，直到今天，只有很少人能了解蜜蜂女皇在光辉灿烂而又迷人的无尽天际中所完成的美妙婚事的秘密。除了大自然的法则，我们几乎很难理解雄蜂——这些一生一世只为唯一的一次爱情而活着的情圣们的执著如铁的无怨选择。在我们这些世故又现实的人们看来，这么做太不划算了！与其所有的雄蜂都在一棵树上吊死，还不如不找这棵树了！因此，我们也许应该向这些伟大的爱情使者致敬。

每天11点到下午3点，在阳光灼热而灿烂的时候，雄蜂们打扮一新，飞出蜂房，去寻找那个几乎是传说中的公主的未婚妻。是的，传说中——这个未婚妻甚至远比神话传说中的公主更威严，更难以接近，以及更残忍。因为，它的追求者实在太多了。无论谁当上了它的丈夫，在短暂的一瞬的亲吻、交配和飘飘欲仙之后，都难逃腹裂而死。

但每只雄蜂一辈子啥活也不干，只知道吃吃喝喝，并为这一刻和能追求到这一刻而活着。据说，这些只知吃喝的寄生虫们，平均每只需要五六只工蜂从早到晚不停劳动才能养活得了。尽管雄蜂额头两边长出1.3万只复眼，而工蜂只有6000只；雄蜂触角上有3.7万个嗅觉腔，而工蜂的嗅觉腔还不到5000个。可善良又勤劳的工蜂们很少发牢骚。它们从生到死都要飞到遥远的地方，飞到密林或草原田野之中，去寻找一切隐藏在那里的花朵。

它必须到香气馥郁的迷宫和花药的隐秘通道中去寻找隐藏的花粉与蜜汁，必须不停地劳作，再劳作。

梅特林克的观察和表述之准确与精到，令人惊叹。即使是我这样的职业养蜂人，在读了他的作品后，也不得不赞佩其深厚的专业知识及文字功力。在具体描写婚飞生活时他写道：性成熟了。尽管蜂王（女皇）内心焦灼，它还是亲自选定了神圣的婚飞日期和时刻。这是一个晴暖无风的日子。它让工蜂给自己梳妆打扮一番，就在黑暗中等待起飞的美妙时刻。它喜欢在这样的清晨飞出蜂房——露珠还没完全离开枝叶和花朵，逐渐消散的朝霞正在同不断增强的白日抗争，新的一天的寂静正在被朝霞初现时空中忽儿此处、忽儿彼处发出的声音打破，而玫瑰在午间发出的浓郁香气正与紫罗兰早晨淡淡的芬芳融合在一起……

突然，这个万人瞩目的绝佳美人出现在蜂房门口，出现在或是无动于衷地忙自己的事，或是为自己的女皇感到惊恐的工蜂面前。它飞起来之后又飞回去——接连两三次重新飞到自己的蜂房门口，直到记清楚了在此之前它从未从外面看到过的蜂房外部模样和准确位置，才箭一般往苍穹飞去。

这个时候，它散发的一种奇异的香气已经传遍了蜂场，大约有二三十个养蜂场的闲逛的雄蜂们敏锐地发现了它，并快速形成了一个由万余名求婚者组成的庞大队伍，尾随而来。

蜂王（女皇）朝洁净无垠的蓝天飞去。离地6米或20米高，离巢数千米了！这样的飞行高度是其他蜜蜂一辈子也难企及的。它忘情飞行，服从它所属物种的奇妙法则：即这法则为它选择情人而不征求它的意见，好让唯一最强健和勇敢的雄蜂在最幽静的高处彻底占有它。

它飞得越来越高。早晨蓝色的空气第一次涌入它的呼吸道，像天空的血液一样在它的无数个管道中呼呼作响——它有两个空空的卵巢与这些管道相连——几乎占满了它身体的整个后半部分。它向上飞翔。它必须飞到鸟儿也达不到的地方，以免自己的性爱秘密被人窥探。它越飞越高，而追随者则越来越少。

那些弱小、单薄、老迈、饥饿，以及来自破败和退化蜂群的雄蜂，逐渐放弃了对它的追求，消失于天际，只剩下最后一些百折不挠者在蓝色的大海中紧追不舍。

蜂王（女皇）再度发力，独自向前飞行。具有坚强意志和无可战胜力量的一个雄蜂终于追上它，并拼命抓住它，骑在它的背上。共同飞行的螺旋线由于受双重爆发力冲击，或许由于来之不易的巨大爱情的绝对刺激——纠缠在一起的这对情侣一下子在高空剧烈旋转起来。

搂抱狂吻的同时，雄蜂的内生殖器外翻，并快速插入蜂王（女皇）体内。射精之后，这位勇敢的白马王子便因腹部破裂而亡。其生殖器则脱落于妻子的生殖器中，直到回巢后由工蜂帮其取出来。

这次看似短暂的婚飞交配之后，蜂王（女皇）的受精囊里必须装入500～700万个精子，才够其一生使用。但由于精子会不断流失，所以蜂王还需要进行两三次婚飞交配，以使精囊充盈。假如它受精不充分，又懒得上天婚飞，那么，工蜂们很可能较早地把它换掉。

这次婚飞后两三天，蜂王（女皇）开始产卵于巢室之中。高产蜂王短时间内可产卵1500～2000粒。卵经3～4天的胚胎发育孵化成幼虫，再经12天左右的预蛹期及蛹期，羽化为成虫。

其实，蜂王产的卵也分未受精卵和受精卵两种。未受精卵发育成雄蜂，受精卵发育成工蜂。而受精卵若产在较宽大的圆锥体状房子口朝下的台基内，并专饲喂以营养丰富的蜂乳，就长成了蜂王。

那么，那些没能与蜂王（女皇）交配上的雄蜂的命运如何呢？它们回巢后，依旧只知吃喝，好逸恶劳，成了蜂群中的懒汉。日子久了，工蜂们就会把它们撵出蜂巢。我们这些

身旁就是著名的慕士塔格雪峰。在高原婚礼举办者门口，塔吉克人吹起鹰笛，跳起鹰舞，欢乐的气氛在透明的蓝色空气里无尽传送

养蜂人也会对其进行人工淘汰。

梅特林克讲到了来自未知力量的黑暗法则，讲到了对雄蜂的令人心惊胆战的大屠杀。他把勤劳善良的处女工蜂们称为贞女，而把雄蜂比作奥德修斯家中追求帕涅洛珀的求婚者，过着挥金如土、粗鄙俗气的荣誉情人悠哉游哉的生活。然而，突然有一天，一个期待中的口令在蜂房里传开，温和勤劳的工蜂立刻变成了法官和刽子手。一只只无忧无虑躺在蜜墙上睡大觉的肥胖的二流子们，猛然间被一支愤怒的贞女大军弄醒。五月蜜、椴树花酒的时代过去了，周围布满了毒螯针火热的荆棘。不幸者的翅膀被撕碎，跗节被拔掉，触角被啃噬，美仑美奂的黑眼睛折射出末日的忧伤和焦急……雄蜂的尸体堆积如山。

然而，屠杀过后是遗忘，是荒凉，是无情的轮回法则。在缺蜜少糖时节，由于抢夺食物，当一箱又一箱蜜蜂相互扭打厮杀、横尸遍野的时候，我们同样会震惊于这些幼小而可爱的小家伙们无可改变的残酷生存法则。

摩天轮继续往高处旋转。我问萨仁："你知道雄蜂婚飞之后的结局吧？"

她一边呻吟，一边断断续续地说："不要……胡说！"

透过窗户，我们本来应该仔细欣赏整个乌鲁木齐的美好景致的——因为这是城区内最高的地方了。就连旁边的红山塔和远眺楼都变成了脚下的矮子。但我们似乎除了对方，别的什么也顾不上看。至少暂时顾不上。我们继续在这种看不见移动的移动中，朝顶点上升。

今年，乌鲁木齐人把这个高耸于红山顶端的摩天巨轮，通过红黄绿灯光装扮成了一个开屏的孔雀，每晚闪烁并绽放于红山之巅，炫人眼目。我不时在想，我和萨仁正运行在这只巨型孔雀的哪个部位或哪一片羽毛上？这些羽毛会不会承受不住我们的欢乐和重量，一松手，把我们扔回到地上去？当然，还有一些诸如光天化日之下等因素也让我分神。

尽管如此，某种世俗意义的虚荣还是占据了我。而这种带有类似雄性攻击心理的虚荣让我自己都感到厌烦。但我还是一度任其虏掠和覆盖。譬如，行至摩天巨轮的最高处的时候，我猛然意识到，这是全城的制高点啦！是高中之高。整个乌鲁木齐都尽现脚下。我被一种莫名的兴奋感所刺激，同时被一种神秘的幸福感所俘获和笼罩，激动得无法自制。望着怀抱中同样兴奋难耐、意乱情迷得不停喃喃自语的萨仁，我奇怪地觉得，自己正在跟整个乌鲁木齐作诗。无论从动物性或军事性的意义上来说，在这个瞬间——在这唯一的瞬间，我跟这个漂亮女人在一起，我占有了这个女人，这个年轻而伟大的城市。有时候就是这样。一个女人就是一个城池。而一个城市也许就是一个女人。它给我们家，家的温暖和记忆，也给我们全部的生活必需品和希望，同时也消耗掉我们全部的时光，以及金钱与青春。

也许，我只是完成了一次婚飞。在那个短暂的死去活来的瞬间，我满足了精神、情

雪山之下，草地之上，高耸入云的塔松们长得错落有致。而马或牛羊散落在身旁，在烂漫的野花中寻找精神与物质的双重食粮

感、生理与虚荣诸方面的需求。但我只是一只短命的雄蜂。在这之后，我注定命丧黄泉，永劫不复。

我突然想起一首苏格兰民歌。歌中唱道："放一只蜂箱在我的坟头，再让那甘美的蜜汁渗透。天堂街市何其灿烂，而我独恋故土难舍蜂蜜甘甜……"

不知道是因为雄蜂崇高而悲哀的命运，还是因为我飘忽不定的候鸟式的生活方式，或者是因为萨仁及我所居住的乌鲁木齐，我突然被一种深沉的忧伤所攫取而无以自拔。我甚至都不知道该给谁和该怎么说出我的这种莫名的忧伤。有一天，要是真的有一只蜂箱放在我乌鲁木齐的坟头上，这只蜂箱里的蜜蜂们能记住我是谁吗？

这事想起来都让人感到苦涩和无奈，甚至会哑然而泣。

从摩天轮启动时开始，我们吻和拥抱和宽衣解带和作诗。半个小时以后，当这只巨大的轮子把我们轻放到地面上的时候，正好一切结束。我们仿佛完成了一个生命的轮回。回到原点，我拉住萨仁的手，边下红山边说："我们必须相爱，否则死亡。"

萨仁啥话也没说，突然站定，用双手紧紧搂住我的腰抽泣起来。

晾晒杏干的季节到了，一家人围在一起忙开了。有时候，我的蜜蜂也会成群飞来，从小白杏的汁液处汲取糖分

我赶紧安慰说："别怕，这是英国诗人奥登的一句诗。诗名叫《一九三九年九月一日》。"为了进一步安慰萨仁，我又把这首诗的最后一段背给她听：

我，如爱神和尘土
有着同样的躯体
围困在同样的
虚无和绝望之中
愿我献出肯定的火

鉴于我的养蜂时间之长、经验之多，以及我的蜂蜜把乌鲁木齐人喂养得健康美丽，新疆电视台和《天山日报》等媒体相继邀请我前去讲述与蜜蜂有关的奇闻逸事。在同新疆卫视一套《社会全接触》栏目的全体编导、编辑和主持人交流时，他们不约而同地谈到了对于大地蜜蜂的浓厚兴趣。有人提出开春以后，要跟着我到伊犁草原的蜂场居住一个时期，拍一个关于养蜂人真实生活的片子，让每个城市人都看一看。谭敏、英列娜、张美玲、李想、李玲、王静、王卓娅、张家笠、任天和、支长民等年轻编导们还列出一长串相关选题让我帮助出出主意。他们的理由是旁观者清。作为一名忠实的电视观众，我肯定能够提出最佳建议出来。可是，隔行如隔山啊！我只是个养蜂人。我肯定辜负了他们的良好期待。

我的心里装满了蜜蜂——这个终生与花朵为伴、与花朵相依为命的圣洁的贞女大军。当它们像金色火花一样在蜂箱四周迸溅的时候，当耀眼的阳光照耀着舞蹈不停的它们的时候，当嗡嗡嘤嘤的清洁而丰满的飞翔的声音响彻草原的时候，我感到自己心花怒放，快活无边呀！仿佛我自己的生命也迅速苏醒和绽放开来。有时候，这种情形想一想都叫人激动不已！

我说，蜜蜂是很多国家宗教信仰中的圣物。古代埃及人用蜂蜜来确定婚约。《圣经》中，蜜蜂甚至是上帝的化身。《古兰经》说："主曾启示蜜蜂：你可以筑房在山上和树上，以及人们所建造的蜂房里。然后，你以每一种果实为食，并驯服地遵循你的主的道路，将颜色不同，却可以给人治疗的饮料从腹中吐出来。" 我说，有人还直接这样写："蜜蝇（蜜蜂）是唯一能够上天堂的苍蝇，而其他苍蝇都会下地狱。"

我说，在人类主要的农作物中，大约3/4要依赖蜜蜂传粉维系繁衍。所以，蜜蜂的灵性和传媒作用无可估量。

《农事诗》曾如是赞美：

你看，通过蜜蜂
神把智慧的种子播撒于
凡间天堂的每一个角落
挥洒着他们的光辉
任由我们漫步其中
如同漫步于众神之侧

每次接到消费者电话的时候，无论对方是否愿意购买我的蜂蜜，只要是与蜂蜜有关的事，都会令我兴奋不已。仿佛我自己就是一坛子人所喜爱的蜂蜜。

有时睡在床上——在那种翻来覆去睡不着觉的时候，我就想，蜂蜜可能就是我在乌鲁木齐生活的全部价值所在了！

至少眼下是这样的。

K. 词的二道桥

二道桥

《天山日报》编辑部要求我写篇关于二道桥的特稿，以纪念改革开放30周年。我在二道桥逛悠3天后，竟然觉得无从下手。于是，决定把与二道桥密切相关的几个词写下来，通过词语碎片的反光，折射出一个心中的二道桥。

海。这是一个市场之海。乌鲁木齐是世界上离海洋最远的城市，但这个城市的商品之海却在这里。新疆人把所有市场称作巴扎。著名的新疆国际大巴扎就在二道桥。因此，这里被称为比土耳其大巴扎更大的世界第一巴扎。有人也称其为城中城。正由于它庞大的市场面积、令人眼花缭乱的各类商品、来自不同国家和地区的经营者之多和每天10万多人的客流量等，所以，来此采访的记者和购物者会感到某种物质的挤压和新奇的眩晕，会有些惊惧和无所适从，仿若进入迷宫。

二道桥今日无桥。有桥的时间是清光绪二十二年（1896年），由江苏木匠李玉林师傅倡导修建一个木桥。因头道桥在乌鲁木齐市南梢门外，故此桥被称二道桥。后来，水和桥都没了，只有名字留下来，像看不见的血缘，见证世事变化和百年商业兴衰。

乌鲁木齐的二道桥像新疆的喀什噶尔，是典型的魅力无尽的维吾尔人聚居区，商业发达，店铺林立，特色独具。

狭义的二道桥即二道桥农贸市场。而广义的二道桥则指北起南门、南至团结路口的方圆二三公里的街区。也有人将其范围划定为南门汗腾格里清真寺至南梁塔塔尔清真寺（洋行寺）之间。

110多年来，这里是当之无愧的商业中心。它像一个巨大的商业心脏，每一次心跳，都会影响并带动乌鲁木齐、新疆乃至整个中亚商品的购销格局。当它日益繁华的时候，经营者的笑意写满了所有绿洲的城市和乡村。

2007年出版的《乌鲁木齐风物录》介绍说，仅建筑面积3.5万平方米的二道桥市场内，眼下就有俄罗斯、印度、巴基斯坦、吉尔吉斯斯坦等18个国家的客商终日在此经营，有汉、蒙古、维吾尔、日尔曼、回、哈萨克等37个民族的商人在这里叫卖，有来自新疆各地及世界各国的2万多种商品供人选择。这里既是新疆土特产品批发区，也是大量产品的集散地，是集商贸、旅游、购物、餐饮、民族风情、文化娱乐于一体的现代特色商业圈，年创经济价值21亿元人民币。

迈步于此，只要愿意，你就能买到几乎所有你喜欢的东西。新疆葡萄干、巴旦木、无花果、杏干等干果、维吾尔族小花帽、英吉莎小刀、艾德莱斯绸、波斯地毯、俄罗斯望远

这就是著名的二道桥市场，是乌鲁木齐市极具少数民族特色的商业中心。它像个巨大的商业心脏，每跳动一次，都会影响并带动乌鲁木齐、新疆乃至整个中亚商品的购销格局

镜、巴基斯坦铜壶、阿拉伯服饰、印度香水、土耳其挂毯、阿联酋银器等，应有尽有。来一次二道桥，就等于参观了一次万国商品大展销。要是有兴致，你在这里还能吃到纯正的新疆风味小吃——烤羊肉串、烤包子、烤全羊、抓饭、拉条子等。这是一个以其特殊的物品魅力和多元文化气息留人的地方。这里配得上每一位有眼光也有感觉的外地人的到来。

阿不都·沙比尔

105岁意味着什么？老迈还是健康？阿不都·沙比尔属于后者。他用生命的力量让时光显得无可奈何和无力。

一天又一天，105岁的阿不都·沙比尔在这里卖葡萄干。他把手推车推放到二道桥1路公交汽车站前。这里人最多。总有些人一下公交车，就走到摊位跟前来，问价格，或者抓几颗葡萄干品尝。他鼓励每个人都来尝。他说："甜得很！不甜不要钱。"他甚至会抓起一大把葡萄干往客人手里放。那种豁达、坚定与诚恳，很多人想学都学不来。

坐在巴扎上，这位维吾尔族老人的这些小木勺，也许足够他卖上一整天。其实，卖什么东西也许并不重要，重要的是坐在巴扎上的这种生活方式

客人不买的时候，他也不生气。把抓在手里的葡萄干扔回手推车，再粗笨地举一举大手，算是道别或祝福，接着又去招揽新的买主。

进出站的公交汽车连续不断，上下车的人那么多！汽车喇叭声、发动机声、人群说话声、叫卖声、店铺里播放流行歌曲的声音……这一切交织在一起，围裹住了他。但他对此无动于衷。他只是叫卖葡萄干，只是面对新客人和送走客人，只是站在手推车旁，同时等待时间和打发时间。

那么，他自己的时间呢？105年的日日夜夜跑到哪里去了？它们钻进额头的皱纹里，还是进入肠胃被消化掉了？它们被锁定于哪一片天空？还会不会再有105年站出来，走到阿不都·沙比尔面前，让他有条不紊地去过？就现在卖葡萄干的他来说，究竟是他在打捞残余的时间，还是时间在生命之河里打捞他？每抓起一把葡萄干的时候，他到底抓起的是香甜可口的干果，还是一把写着此时此刻的时间？就在他说不甜不要钱的瞬间，甜和钱之间是不是已经搭建了一座无影无形、无大无小的时间之桥？对于走过了整整一个世纪的老人来说，他真正已经看淡了什么和依然看重什么？100多年来，这个城市里飞掠而过了多少轻烟一样的统治者、恶棍、贼、经文学院的学生、商人和艺术家？那一张张好看或不好看的脸飘落到了哪里和定格在哪里？其中有哪一张脸至今还在他的心底花儿一样绽放？今天的睡梦里，还有哪一句话在他童年的舌尖上被持续说出？还有哪些名字至今珍藏在他记忆的深处？

一种、二种、三种……他的手推车里堆放着七八种葡萄干。每天早晨10点钟，他准时从乌鲁木齐市解放南路南四巷6号的家里出发，骑自行车慢悠悠来到二道桥，并在附近商户的帮助下，摆好摊位，开始一天的葡萄干买卖经营。80岁时，他在二道桥市场内摆摊卖地毯。现在，他认为卖葡萄干更省力和赚钱。那些知道他的故事的回头客，争相购买他的葡萄干。

他喜欢吃巴旦木、杏干、无花果、红枣、葡萄干、核桃等干果，这使得他至今耳聪目明，身体硬朗。做生意算账，清晰而准确。

阿不都·沙比尔头戴维吾尔族小花帽。闲得没事的时候，就坐在手推车旁的小圆凳上，用一只手捋胡子，并平静地注视车站上南来北往的行人。

沙尼娅

21岁的沙尼娅从伊犁来到乌鲁木齐，在二道桥的新疆国际大巴扎同朋友一起开了个亲奴丽化妆品专卖店。

店铺在一楼，生意极好。货架上摆满了各种化妆品。亲奴丽系列产品、法国香水、土耳其香粉、俄罗斯染发剂、巴基斯坦海娜液、新疆奥斯曼生眉笔、波斯小圆镜……这是一个粉香的世界，一座香气缭绕的色彩的迷宫。

沙尼娅身材不高，但却精致而美丽。同人说话时，长睫毛忽闪不休——像一对微型芭

这位维吾尔族女孩是否叫沙尼娅？其实无所谓！她灿烂无边地笑在巴扎上——已经让我们喜欢上了新疆国际大巴扎

蕉扇，在你不注意的时候对着你扇。橘黄色头巾把她的脸庞映衬得清雅而明媚。

她在自己开放式的货摊跟前忙来忙去。碰到顾客要那些她没能及时提取的物品时，她就快步跑到相邻的摊位上去借。她像小鸟一样轻盈地飞动着，头巾在头上飞扬，青春的气息飘满了大厅。

在国际大巴扎，在阳光下时间的斑点上，沙尼娅在城市商品的丛林里开放。这是她的选择，也是她的愿望。她在摊位前不停走动。从物货到物质，从钱到钱，从这双眼睛到那双眼睛，也从这颗心到达另一颗心。她没有戴面纱，而是戴着头巾，穿蓝色牛仔裤和白T恤衫。在装钱的腰包上方，在衣裤的交界处，纤美的腰肢和白肚皮若隐若现。这让人不由自主地想到一句诗：美 / 到死。

沙尼娅，你就这么忙吧！整个巴扎如此美丽，是因为你在一楼大厅不停走动。你腰间忽闪着的危险和美，至少给我们带来了一秒钟的宁静。我们宁愿躺在这一秒上，睡下来，长眠不醒。

到沙尼娅的摊位买东西的人愈来愈多。

谁都清楚，大家买走的肯定不只是一瓶土耳其香水或一枝奥斯曼生眉笔，而是一楼青春的记忆，一个眼神，一杯还魂酒，一小块牧场，抑或是一股刮过新疆的游牧的风。

新疆国际大巴扎位于乌鲁木齐市二道桥市场。它几乎不是一座建筑，而是一个乌托邦，一个来自古巴比伦或波斯的梦。而每天10万多人的客流量，又会把我们拉回现实的商品之海里

新疆国际大巴扎

它几乎不是一座建筑，而是一个乌托邦，一个来自古巴比伦或波斯的梦，以及是走出《一千零一夜》这本书的一个阿拉伯词语，或者是来自消失于沙漠中的某个古老王朝的沾满新疆风俗及吆喝声的梦幻城堡。

然而，它分明又是一座现代建筑。活灵活现地耸立于二道桥，成为乌鲁木齐市的标志性建筑，一个总面积达10万平方米的超级建筑群。

2003年，有关方面耗资5亿元、花14个月建成了这个集伊斯兰特色与古波斯风格于

一身的巨大建筑群。其内有80米高的新疆第一观光塔、观光清真寺、露天大舞台、购物广场、美食广场等建筑。

大巴扎的设计者是中国著名建筑设计师王小东。他曾是一位画家，在新疆工作生活44年，其间担任新疆建筑设计院院长16年。他还先后设计了乌鲁木齐红山体育馆、新疆地质矿产陈列馆、新疆博物馆等，并成为中国工程院院士。

优秀的建筑设计师其实就是一位诗人。光凭实际经验不行，必须有眼光、有品位、有智慧和想象。很多时候，一些卓越的建筑图景竟然会出现在梦中。那些超现实主义的作品，电影中的镜头，甚至一个念头，都会以图纸的方式出现在记忆里。这些记忆的碎片不断碰撞，聚拢，组合，最后成为他盼望已久的完整图案。这时，他所要做的，就是把这幅图案挑选出来，画在纸上，最终凭着这张图纸，在大地上修建一座真实的房子。

就这样，他同时是梦想家和实干家，是诗人和建筑师，是作者和批评家。他需要把童心和梦幻具体体现在砖瓦钢筋上。

显然，新疆是实现梦想最恰当的地方。他一直在寻找和突围，同时确定进击目标。他希望把新疆特定地域中建筑空间的构成，与新疆历史、人文、自然、风俗及原型空间密不可分地融合在一起，希望通过一种瞬间爆破的方式，使时间和空间具象化，进而恰如其分地找寻到新疆大地上特有的建筑形象，希望找到新疆大地的杰作与灵魂——希望找到建筑学意义上的新疆。

他一直带着巨大的梦想行进。期待在全球化的潮流和地域传统文化的结合部上，寻找到一个连接点。期待使地方传统特色建筑中深厚的历史血缘、天然的和谐性生态性，同现代意识完美链接，让文化在传统中闪光和发热。他期待能够演绎出一种全新的新疆现代建筑空间。

他成功于新疆。

无论是有雪莲花瓣形屋顶的线条流畅的红山体育馆、西域文化底蕴丰厚的新疆博物馆，还是伊斯兰文化色彩浓郁的新疆国际大巴扎，这些作品都有效呈现出了饱满的时尚元素和新疆文化特质，成为令人着迷的建筑艺术杰作。

看一看大巴扎的外部装饰图案吧！看这些红砖迷宫和建筑纹样。米合拉甫（佛龛）纹样、巴旦木纹样、四方连续纹样、阶梯纹样、流苏纹样、宝相纹样、宴席纹样……仿佛中亚地区应有的一切砖饰纹样都恰当地运用到了这里的墙壁、高塔、清真寺、门窗等地方。中原建筑传统、伊斯兰建筑传统、西方文化痕迹，以及佛教、基督教、道教、萨满教的纹样图腾等元素，被一齐吸纳进来，进而构成了驳杂雅致、独树一帜的墙体装饰格局，让人耳目一新，回味无穷。

有人说，这里是中亚之窗。

馕

馕是一种古老而质朴的食物。

馕带着芝麻、古老的花纹图案和麦香，滚烫而完美地在新疆绿洲上传递。从这里到那里，馕是我们永恒的故乡。

馕出馕坑的时候，是否一直在辨认，哪个馕更像自己？在二道桥市场或整个新疆，是否还会有另一个自己？

馕出发，却永远无法到达。

馕也许永远也看不清自己到底是谁！

馕会记住美国诗人埃兹拉 · 庞德说过的话："当我倦于赞颂晨曦和日落／请不要把我列入不朽者的行列。"

馕是一种古老而质朴的食物

12
少女是城市的花朵

始终游走于城市和草原蜂场之间，生活的恩情与我的得失功过应该如何度量呢！

虽然乌鲁木齐市几年前冬季地狱般的重度大气污染近些年已明显改观，虽然城市平面而单调的生活与噪音，给我们带来了抑郁、失语、肿瘤等疾病和无尽的厌倦，英国诗人威廉·布莱克甚至将英国工业革命时期的城市，称之为“黑暗的撒旦的作坊”，虽然每年开春，我和萨仁都会逃也似的离开乌鲁木齐，直奔伊犁那拉提草原养蜂和吸氧，但我也不能不承认，每年秋后，我们都会迫不及待地想回到乌鲁木齐。萨仁甚至比我更着急。她会提前一两周返回家里，收拾房子，购买食物，开通电脑电话，以便我回家时能感到干净舒适和温暖。萨仁这一生最大的喜好——除了练瑜伽看电影外，就是每天把房子里里外外打扫一遍。

究其原因，一方面是我们急于回到城里，把香美无边的新鲜蜂蜜分送到新旧客户手里，使整个夏天的劳作变成具体的收获。但另一方面，我却似乎对城市生活有着一种莫名的期待。好像已完全忘记了几个月前逃离城市时的那种如释重负之感和急切感。不仅仅是期待，坐在返回乌鲁木齐的汽车上，我竟然对这个城市产生了一些模糊而复杂的感激之情，竟然会像想念一个人一样一刻不停地开始想念它，想念它的温情、妩媚和好，甚至有点想念它的不好，比如每年都会开挖不休的街道和城市噪声，当然还有小区门口卖水果油条的老人，以及南门新华书店、人民剧场或追着往你脚背涂抹鞋油的擦鞋小巴郎。具体感激什么？我一时说不清楚。但这种莫名的感激和想念却是如此真切和强烈。我渴望早一刻越过伊宁、果子沟、赛里木湖、奎屯、石河子、玛纳斯、昌吉，早一眼从乌伊公路上看到乌鲁木齐绿洲和城市的轮廓。

我知道，看见乌鲁木齐就等于看见家了。萨仁已烧好了洗澡水，并用恰玛菇和胡萝卜炖了一锅牛尾巴汤在等我。此外，城里还有卧室、书房、电影、电视、卡拉OK、咖啡厅、朋友、报纸、垃圾新闻、谎言、股票信息、电话和人的冷漠，当然还有色调暧昧的霓虹灯、豆芽一样苗条的露肚皮女孩、让人肉麻的吹嘘广告、招之即停的出租车、中巴车、装修雅致的餐厅和干净时尚的哈萨克奶茶馆。我好像确实离不开这一切，离不开城市生活。我知道，也许过不了三天，我又会萌生逃意——但我现在需要城市。我恨不得自己的汽车轮子此刻就落在西北路、光明路、幸福路等任意一条街道上，并快乐而急切地在乌鲁木齐市转动。我像一个关于城市的吸毒者，一方面排斥及厌倦它，一方面又渴望得到和进入它。

我有一种预感，我这一辈子都可能会一直在城市和草原之间摇摆不定了。在厌倦中渴望，又在渴望中厌倦。有时候恨不能早一秒钟离开它，而有时候又渴望早一秒钟投入它的怀抱。虽说已经在伊犁草原养蜂几十年了，但我也有一个想法，就是哪年夏天转到天山南部的巴音布鲁克草原去放蜂。我觉得这里有天鹅湖和天鹅，是我们可以靠近这个世界上最高贵和纯真坚毅的大动物的地方。同时，这里也是萨仁父母和我的蒙古族养父母的故乡。这里有蒙古族亲戚和蒙古文化。从感情上来说，我更愿意融入浓烈又深厚的蒙古族文化情态之中，我愿意心甘情愿地成为一个真实又本分的蒙古人。我希望自己亲手喂养出来的蜂蜜的光泽，在照亮辽阔的黄金草原的同时，也照亮我的内心和我的每一位亲人。

在城市广场，我拍到了这个名叫阿孜古丽的维吾尔族女孩的造型。她想参加当天下午的一个服装展示活动。显然，拍照的瞬间，她有些矜持的气质深深吸引了我

事实上，城市生活给人的挤压感受是一样的。无论在法国诗人波德莱尔的《巴黎的忧郁》、美国诗人庞德的《比萨诗章》中，还是在中国诗人杨炼的《鬼话》中，我们都同时感受到了城市的巨大诱惑和它带给我们的无尽厌倦。我们既能发现，“零点的月亮，明亮得怕人”，又会知道，“黑暗中的墓碑，把我们雕刻得彼此相似”（杨炼语）。现在，全世界60亿人口中的

43% 生活在城市。43% 的地球人正在体验着一种千人一面的复杂而微妙的平面生活形态。

城市真正的花朵是少女。这是诗人活下去的理由（森子语）

我们高兴地发现，很多城里人都找到了自己特殊而实用的生存办法。无论采用善或恶的方式，他们都选择了对抗苦难和压力的可行策略，进而确保自己与城市达成某种必不可少的和谐与默契，确保呼吸顺畅，生命得以延续。

墨西哥诗人帕斯通过太阳石，通过荒漠、贫穷和伟大的玛雅文化来对抗城市机器和苦难，确立自己的诗歌风格。

中国诗人森子通过给自己找借口的方式得以在城市生活下去。他对今日城市的无休止扩张、环境污染、对人性的硬化路面式处理、机器、汽车和人被手段所工具化、概念化、抽象化而深感无奈，于是在《城市 · 1990》中写道："诗人的城市是不存在的。他们想用鲜花盖楼，爱情铺路，睡在水晶做成的床上。他们在语言的中餐、西餐中挑骨头，然后做成项链，勒紧自己的喉咙歌唱。甚至，想用大腿小腿做这个世界的圆柱，建一座歌剧院。"

在同一首诗的另一部分，森子说得更直接："城市真正的花朵是少女。这是诗人活下去的理由。她们绽放的时间很短——大概只有两三年。但是，一茬又一茬，延缓了诗歌的生命，从死刑到无期。"

终于看见了城市花朵，诗人找到了在城市生活的理由，并赢得了一些喘息的时间。他用这个时间来眺望、记录自己在城市生活中的遭遇及整整一代人的城市生活经历，借以在冷漠、暴力、失业、浮躁、焦虑的生活中，找回一点人的自尊和自信，并营造出小小的惊讶、恐慌和快乐，以促进大脑的血液循环和四肢的弹性。他感谢在城市中遥遥无期的生活，

站在古巷里自家的门口，这个女孩显得如此害羞。我想，在她还没学会表演、没有圆滑世故和没有变得麻木不仁的时候，给她照张有些羞涩或难为情的照片——这件事多么重要啊

感激它所提供给他的一切。他可以偷换它的概念，以过去、未来的名义温暖暂时性的现在。我为他的这种姿态和方式表示理解。

《天山日报》记者尚青春是我至今尚未来得及相认的双胞胎弟弟。从妹妹转送给我的见报文章剪贴本上我发现，他是一位思想敏锐、洞察力惊人和想象丰富的优秀记者。他选择了一种进击式的主动姿态进入城市生活。通过不停采访乌鲁木齐的养鸽人、寻宝人、百货店主、理发师、雕塑家等方式，进入人的内心深处和生活深处去发现生活，一点一点构建乌鲁木齐之美，以及探寻不易觉察的乌鲁木齐精神之光，从而使自己深入有效地融入这座城市，并成为这座城市灵魂的重要组成部分。我为自己能有这样的弟弟而骄傲。

然而，同为《天山日报》记者，尚青春的一些同事则借助媒体暴力，通过一种庸俗、无知而野蛮的面目和方式进入城市生活。或者说，他们用恶或恶俗的办法对抗现代都市生活。譬如，在吸引视线或眼睛这样的语句中，他们弃眼睛这种古典又诗意的词语不用，而改用“吸引眼球”这种粗俗、直白而令人恐惧的话语；譬如他们终日编造新闻，以撒谎为职业，最多也只是浅薄愚蠢地发出一些诸如“如今胖孩子多了”、“妓女也要被尊重”等不痛不痒的声音，甚至厚颜无耻地一味讨好所有官员或暴发户；譬如他们公然刊发《农民有了耻感》这样的头题文章，通过邪恶的方式，肆无忌惮地羞辱和贬低农民，以抬高自己虚弱的自尊，以及映衬出城市生活带给自己脑满肠肥的种种好处。他们为了自己一点可怜的好处和虚荣，为了某句低级庸俗的口号，竟然恶毒地、令人心惊肉跳地认为，以往的农民不是人，是牲口——毫无羞耻之心，只有今天的人才是人。他们也许至今也不清楚，每一位农民比他们爷爷的爷爷都更有尊严和羞耻感。他们这种不辨是非和恬不知耻，为了某个概念而活人的言行，让我深感羞耻。我就想，我送去的一袋又一袋子的精美蜂蜜，怎么竟然会喂养出这样一群无知而又残忍无度的王八蛋。与此同时，他们的作为更让我产生了对弟弟的深厚敬意与无尽怀念。

就我本人来说，同样有数不清的融入城市生活的理由。

首先，无论遭受多大的打击和磨难，无论这里有多少不好，我竟然无可救药地喜欢这个城市。我认为这是世界上最好的城市。乌鲁木齐，美丽的牧场。仅凭这一点，它就足够你无怨无悔地喜欢一辈子了！有时候，人就得为一句话、一个眼神，甚至为一个名字而活着。这没有什么不对！这是一个值得你为它活着的名字。我也许没有更多可以说得出来的理由。我只是喜欢这里，只是爱。爱是我唯一的理由。

其次，乌鲁木齐有让人意乱情迷的红山，有神秘的红山塔、清真寺、亚洲大陆地理中心，也有景象万千的新疆国际大巴扎。秋冬时节，火红的石榴及金黄色的无花果、库尔勒香梨像小山一样堆满了大街小巷。馕、拉条子和二道桥的木卡姆宴会厅也等着我。一心书店和南门快乐音像行的图书及电影大师的整套作品都给我留好了。这里是美食和购物的天

两位维吾族少女又说又笑地迎面走来——谁能探测到她们生动的喜悦和隐秘的忧伤？此刻，她们分别在内心深处搁放着谁

古丽是维吾尔语中鲜花的意思。有这些小古丽终日在我们的城市里盛开——这加深了我们对城市生活的热爱与依赖

堂。我甚至每天中午都要到南门人民剧场内侧的伊犁哈萨克奶茶馆去吃熏马肠和纳仁。它既是我大饱口福的日子，也是我对伊犁草原夏日养蜂生活的温习与怀念。

当然，最重要的原因还是女人。乌鲁木齐有萨仁。她和我一起生活，这让我深感安慰。除了每个周末去和我的养父母一起住一两晚上外，她大部分时间都跟我在一起。我为能够碰到萨仁这样忠贞、善良又聪慧的妻子而深感安慰。

好女人就是一个家。她走到哪里，这个家就被带到哪里。有时我就想，即使我不打算从遥远的草原回来过冬，但如果萨仁回乌鲁木齐，我也会忍不住跟着她跑回来的。我知道，从一定意义上说，萨仁就是我脆弱生命的依靠，也是我生命的重要组成部分。

我是个不善言辞的人，我不知道该怎样说出我对萨仁和其他我认识及不认识的女人的感激。因为，正是她们让我如此留恋这座城市，并产生了一些特殊的关于生命意义的再认识。

要是惠特曼遇到我这种情况的话，他可能会这么说：你们是肉体的大门，你们也是灵魂的大门。

通过你们，我排干了我身上禁锢的河流，我把将来的一千年存放在你们体内。

要是劳伦斯的话，他可能会这么说：一个女人就是一束喷泉。泉水轻柔地喷洒着靠近她的一切。一个女人是空中的一道振波。它的振动不为人知，也不己知，但却一直寻找着另一道更强的振波的回应。而男女间的爱就是一种呼吸。我生命之河的一条岸是女人，另一条岸是世界。没有了这两条河岸，我的生命就是一片沼泽。

要是碰到卡夫卡，他肯定说得更直接：女人身上那个洞，是尘世间通往天堂的唯一通道。

萨仁是个含蓄而有趣的女人。她总是以一种隐喻的方式说出我和她之间的私密生活。她称男女之间伟大而微妙的性爱关系为作诗，以及在身体里歌唱。她认为这是每个人自身通往灵魂的线索。而一个从未与别人结成生命或性爱关系的人，是不会拥有真正的灵魂的。

可是，我却不会说这么精彩的话。每到关键的时候，我只会说一句话："我要回家。"或者说："我回家了！"

真是笨嘴笨舌到家啦！

少女是城市的花朵。

诗人的发现迅速改变了我们对城市的看法及恐惧，并把我们从钢筋混凝土结构的楼群及冰冷的水泥路面上有效解救出来。他让我们感受到了现代城市最敏感和柔软的部分，感受到了一座冷漠城市的温度和湿度，感受到了生命的动力及勇气。

我清楚，我的城市开满了花朵。这些少女一茬又一茬怒放着。她们使这个城市显得温情明丽而生机勃勃。

几天前，一位名叫我故意爱你的网友在乌鲁木齐生活了一年后，以《关于乌鲁木齐的记忆》为题，撰写长篇系统散文讲述乌鲁木齐。他（她）说自己对乌鲁木齐产生了巨大的好感。理由之一是，这个世界上离海洋最远的百万人口的城市里，却拥有比全国任何一个城市都多得多的漂亮女孩子。然后，便以星级指数的方式推荐了选择在乌鲁木齐看美女的地方：新疆大学、新疆艺术学院、西北路、友好百盛、中山路、周末或暑假的南门人民剧场门口、乌鲁木齐大地窝堡国际机场、新疆师范大学及二道桥等。这位网友甚至因此而希望能够像他（她）的朋友一样，找机会到新疆大学工作4年。这位网友最后竟发出了帕斯式的感叹："完美的贞操，无形的花朵，在寂寞的枝头摇晃。"

几个月来，比起关于城市生活的焦虑与担忧，真正让我内心隐痛和忧愁的还是另外一件事——关于我个人的身世问题。可以说，这件事打击了我的生活及心理平衡，从根本上动摇了我对人的信任和看法。

回乌鲁木齐后的第二天，我到大手广告公司报到，期望早一点进入自己的冬季城市生活状态。总经理徐庄让女秘书把我的一些期刊、包裹和信件转交给我，并于当晚在红山东兴阁酒店设宴，给我和萨仁接风。同时告诉我，新疆经济文化大开发力度加大，广告客户排成长队，急需撰写的文案堆积如山。他希望我早点上班，并尽快进入工作状态。这当然也是我求之不得的事。

晚饭后回到家里，我不慌不忙地拆读包裹和信件。除一些杂志社和出版社寄来的书刊、银行信用卡对账单及客户求购蜂蜜的订购单外，妹妹尚雅逸从陕西老家寄来的3封信引起我高度注意，并再度触到了我的痛处。

三封信写自不同的时间。前两封分别写于妹妹和母亲从新疆回老家不久，主要讲她们到新疆找我，以及把我弟弟尚青春的骨灰抱回去安埋的事，还详细讲述了我的身世和我们一家人失散前后的事。最后一封信写自一个多月以前。信中说，母亲病重。老人家渴望在离世前，能看上我一眼——母子相认，并和我说几句话。正是从这几封信中，我才知道了我妹妹的名字。

无论我是否愿意接受，这些事实都无可改变了。这是命啊！

我必须面对这个现实：我是被蒙古人养大的汉族人。虽然我早已习惯了一切蒙古族生活方式，虽然我长得五大三粗，像蒙古人，虽然我的蒙古族名字叫布和，虽然我的蒙古族养父母视我为亲生儿子并给我娶了个漂亮而忠贞的蒙古族妻子萨仁，但是——我是汉族人。我姓尚。我的原名叫尚金牛。我的父亲尚兴福一年前去世了。我自小失散的双胞胎弟弟尚青春在乌鲁木齐《天山日报》做记者，今年年初因车祸走了。母亲和妹妹好不容易找到了我时，我不愿意认她们，并气跑了她们。现在，我的生身母亲也得重病了……就这样！这就是我所面对的身世与命运。我可以选择这一切和可以不接受这一切吗？

我承认，年初不愿与亲人相认，是我一时拐不过弯，无法接受这种只有小说或电影里才有的传奇故事。另一方面，我不想伤害我的养父母。他们是那么善良和慈祥，从小像亲儿子一样培养和教育我。没有他们，就没有我的今天，甚至也许没有了我的生命。在我心里，他们就是我天经地义的亲生父母和世界上最亲的人。我怕他们担心我知道了事实真相后难过，也怕他们担心我会离开他们，因而产生隔阂。我不想伤害他们。我已打定主意，今生今世都要像亲生父母一样孝敬和报答他们。事实上，虽说关系已经明确，但在感情上，他们比我的亲生父母还亲。而生身父母则显得如此模糊和遥远，似乎仅仅只是我的一个内心里的概念，一个若有若无的影子。要是有人有一天再跑来告诉我，一切都弄错了，我不姓尚，也不叫尚金牛，而姓陈或姓李的话，我也许还会相信的。

然而，真实的东西是无法改变的。血缘无可改变。特别是当这种血缘以看不见的方式强有力地牵动你内在的神经的时候，一种感觉的力量就战胜了一切，并大海一样漫卷了你，覆盖了你，吞噬了你，使你逃无可逃。你会心悦诚服地跟它走，无条件地、不顾一切朝血缘的方向冲去，朝亲人的怀抱里扑去。

才几岁呀？小古丽已经长出了美女的脸型。明亮的眼睛、健康的皮色和纯真的表情，使我们的城市，甚至使整个世界都明丽和生机起来

虽说直到今天我仍不能肯定与我同住一个城市的双胞胎弟弟尚青春，是否就是我从小在心里隐隐渴盼的另一个我，但是现在，我宁愿这么认为，他就是我要找的人，是这个世界上的另一个自己，是冥冥之中的另一个我。

我尽量说服并安慰自己。我说，这个弟弟多像我呀。他的报用文章写得那么棒，我的广告文案写得再好也赶不上他。他不在了，我就是他。我要顶替他去照顾我们的母亲，我要替他把他没来得及好好活的时间全部活下来。他所有的悲欢甘苦我都愿意去承担。

可是，另一个无法改变的事实是，一个人独处的时候，我还能感觉到另一个我的存在。明明我知道，我的弟弟尚青春已经不在了，可我却隐隐约约又莫名其妙地意识到，那个该死的幽灵一样的我，还在我身旁的这个世界上游荡。我不知道该跟谁来说这件事，也不知道究竟该怎么说！

我决定立即回老家陕西去看望母亲。

我希望萨仁陪我回去。她高兴得手舞足蹈。并准备了10公斤上等的蜂王浆和20公斤野花蜜，带给母亲和妹妹。她说，不坐飞机，就能多带些东西回去。

在前往人民电影院旁的徕远宾馆火车票代售点购买火车票的路上，我给萨仁讲了一个罗马故事：

黑暗中的墓碑，把我们雕刻得彼此相似（杨炼语）

高卢籍元老院议员萨皮吕斯，反抗维斯帕西亚吕斯皇帝失败了。他本来可以轻而易举地逃到日耳曼人那里，但因无法带走自己年轻而忠贞的妻子爱波丽娜而留下了。

他让人烧毁自己的别墅，并四处散布消息说，他被烧死于房子里。他的妻子也信以为真。而他实际上却藏在别墅下面的秘密地道里。

爱波丽娜得知丈夫自杀身亡后，三天三夜伏地痛哭，拒不进食。他听说后，很心痛，就让人偷偷告诉爱波丽娜，不要哭坏了身体，因为她的丈夫还活着。

爱波丽娜大喜过望。她白天依然为丈夫戴孝泣哭，晚上则跑到地道里与丈夫幽会。她甚至把丈夫的头发胡子剃掉，将他装在箱子里带回故乡居住。没多久，她感到这样很危险，就把丈夫重新送回地道里。

7个月后，她怀孕了。她在身上涂一种香脂，在公共浴室洗澡时，女友们也没发现她已有身孕。最后，她在地道里生下一对双胞胎儿子。

9年后，丈夫还是被人发现了。

在罗马，丈夫萨皮吕斯请求维斯帕西亚吕斯皇帝宽恕他。爱波丽娜也将两个儿子带到皇帝面前说：“我将他们生下来，我将他们养大，为的是我们在哀求你的宽恕时，人数能多一点……”

在场所有的人，都感动得哭了。

然而，皇帝却毫不留情。

勇敢的爱波丽娜只好请求皇帝，把她和丈夫一同处决。

她轻蔑地对皇帝说："哦，凯撒！我和他生活在黑暗之中，你却生活在阳光下，生活在你帝国的光辉之中。但是，我们肯定生活得比你幸福。你没法体会。因为你从来没有这样幸福过！"

萨仁哭了。她擦了一把眼泪问："从哪儿听的故事？"

我说："写过《蜜蜂的生活》这本书的比利时作家梅特林克讲的。"

萨仁问："为啥给我讲这个？"

我说："我已经家破人亡了。我带你回家，为的是我看望母亲时，人数能多一点！"

出发的前一天晚上，我的蒙古族父母来家里给我们送行。他们买来了皮鞋、棉袄、葡萄干、奶酪等，让我和萨仁带给老家的母亲。

他们离开后，我看到茶几上有一张写着两段话的纸条。

爸爸的笔迹写的是：

对生活，对死亡
冷冷看上一眼
骑士啊，向前

妈妈的笔迹写的是：

在昼夜的十二时辰
在冬夏的十二月令
身跨骏马太太平平
手提鞭子牢牢稳稳

第一段话，是爸爸把叶芝著名的墓志铭送给了我，以期给我以信心和力量。第二段话是著名的蒙古族祈祷词。

是这样。妈妈在用蒙古人传统的方式为我和萨仁祈福！

萨仁也看了这张纸条。她抱住我，一句话也没说。随后把纸条折好，放进我的上衣口袋里。

寻找城市的入口
（后记）

这是我用两月半时间写的一本书，也是我对一个城市的深度发现与纪念。

对于城市的理解与热爱，极像关于我们自身的认识。

我和我的身体在一起，终日厮守，生死与共。我能感受到身体的所有力量与疼痛，甚至能听到巨大的心跳和血液的呼啸声。但不幸的是，我至今无法看见自身的任意一块骨头，甚至看不到自己的内脏——最多只能通过图画及被人宰杀的猪羊的内部器官，来想象自己心肠、肝脏或大脑的模样。我觉得人最大的悲哀也许就是自己永远也进入不了自己，更无法看清自己！

我在乌鲁木齐生活了15年。15年的光阴像15个忽明忽暗的灯盏。这些光明与黑暗叠加在一起，日夜朝我逼近。生命似乎早被挤扁了——尽管生命的灯盏依然明亮。

换句话说，我日复一日地生活在这座城市里，几乎熟悉每一条街道、每一个书店和每一个电影院，闭着眼睛都能说出每个巴扎上一年四季买卖着哪些新鲜蔬菜。我和48个民族的兄弟姐妹们居住在一起。被我深爱着的亲人和朋友也在这个城市里生活和呼吸。最重要的是，我一直期待着能够用笔说出我的这个城市。

然而，当中国青年出版社发来约稿函的时候，我发现我的乌鲁木齐竟变得如此神秘和遥远……我突然看不清我的城市了——我找不到进入这个美丽城市的入口！

我给江南的朋友庞培打电话。他说："写出你最想写的东西就可以了。"

最后，我决定通过小说的样式来说出我和我的城市。

之所以选择尚金牛和尚青春两个虚拟的人物来代替我说话，一方面是因为只有这样，才能说得深刻和通透，才有自由伸展的余地，并且有利于准确表达。另一方面是因为，这些年来，我们对那种浅薄、直白、平庸而肉麻的关于集体或个人的吹嘘方式厌倦透了！我们迫切需要一种更加真挚而客观的言说方式。

写作过程中，无论执著的寻宝者、亚心守护者、画家、雕塑家、百货店主、理发师，还是红山塔、清真寺、西大桥、二道桥、蜜蜂或鸽子，他们都以一种熟悉又亲切的面容，新雪一样生动无边地来到我面前，并成为我的一部分。我甚至觉得，并不是我在写，而是他们说出了一切——说出了这个城市，这本书。

我的好兄弟作家邱华栋先生，每过一两个星期就打一次电话询问写作进展情况。他的信任与鼓励让我深感安慰。我多年的同事、《新疆经济报》资深记者和摄影家宋君先生，在紧张筹建亚心网站的同时，给我提供了精彩图片。我的朋友王治奎先生及其同事帮我录入稿件等，谨在此深致谢忱。

愿我奉献的这个纸上的乌鲁木齐能够令你满意。

陈　漠

2008 年 8 月 11 日

乌鲁木齐市幸福花园